생애 한 번쯤은, 아트 로드

생애 한 번쯤은, 아트 로드

펴낸날 | 1판 2쇄 2022년 10월 14일
지은이 | 김영주
펴낸이 | 서정원
총괄 | 노영근
편집 | 문유
디자인 | 이정민
인쇄·제본 | (주)스크린
펴낸곳 | (주)더쿱디스트리뷰션
출판등록 | 2022년 5월 31일 제25100-2022-000041호
주소 | 서울 구로구 디지털로 288, 2층208-R239호
전화 | 02-6216-6000
팩스 | 02-3442-5295
전자우편 | rhocoup@gmail.com
ISBN 979-11-979519-0-9   03980
• 책값은 뒤표지에 있습니다.

ⓒ 김영주 2022

이 책에 사용된 일부 작품은 SACK를 통해 ADAGP, Picasso Administration과 저작권 계약을 맺은 것입니다. 저작권법에 의해 한국 내에서 보호를 받는 저작물이므로 무단 전재 및 복제를 금합니다.
ⓒ Marc Chagall / ADAGP, Paris - SACK, Seoul, 2022
ⓒ René Magritte / ADAGP, Paris - SACK, Seoul, 2022
ⓒ 2022 - Succession Pablo Picasso - SACK (Korea)

생애 한 번쯤은, 아트 로드

서양미술을 대표하는
화가들의 흔적을 따라가다

김영주 글·사진

"
예술은 무한한 가치를 지닌,
아주 근사한 것이다.
예술은 신선함과 활기를 통해
우리의 몸과 마음을 치유해준다.
"

샤를 보들레르Charles Baudelaire,
미술 비평서 『1846 살롱전Salon de 1846』 중에서, 1846년.

일러두기

· 인명과 지명 등의 외래어는 국립국어원의 규정을 따라 표기했습니다.
  작품명은 통용되는 것을 우선하였으며, 일부는 원제를 번역하여 옮겼습니다.
· 본문에 삽입된 인용문은 대부분 해외에서 발행된 서적이나 자료를
  저자가 번역한 것이며, 본문 및 권말 참고문헌에 따로 표기하였습니다.

차례

8   작가의 말

12   **스페인**
       마드리드·톨레도·사라고사·푸볼·포르트리갓·피게레스

110   **프랑스**
       콜리우르·아를·레 보드프로방스·생레미드프로방스
       엑상프로방스·칸·발로리스·무쟁·니스

238   **네덜란드·벨기에**
       델프트·헤이그·안트베르펜·브뤼셀·겐트·브뤼헤

346   **프랑스**
       파리·바르비종

414   그림 목록
421   참고문헌

작가의 말

2020년 2월, 넉 달간 써온 원고를 막 끝내던 날 코로나 확진자가 대거 터져 나왔다. 여행은커녕 일상생활마저 송두리째 흔들리게 되었다. 불안과 공포가 전 세계를 뒤엎게 되자 나는 책에 대한 일정을 완전히 제로로 만들었다. 긴 터널의 끝은 보이지 않았다. 실은 여행이 문제가 아니었다. 사람의 생명이 달린, 인류 최대의 위기가 닥쳐온 것이다. 그렇게 2년이 흘렀다.

여전히 코로나의 잔재는 질기도록 이어갔지만 우리는 '위드 코로나'라는 공존의 방식 속에서 조금씩 일상의 물꼬를 터갔다. 그렇게 나의 10번째 책은 이 아슬아슬한 줄타기에 올라탔다. 더 이상 미룰 수가 없는 일이었다. 떠나는 이들에게는 친절한 길잡이가, 그리고 떠날 수 없는 이들에게는 상상의 열쇠가 되어주고 싶었다.

내게 있어 여행과 미술은 매력적인 조합이었다. 해를 거듭하면서 여행의 재미가 조금씩 시들해질 즈음, 나는 '미술'이라는 새로운 동무를 만났다. 화가들의 흔적과 그림의 배경이 여행지 곳곳에 산재해 있음을 알아차렸을 때 나는 다시 가슴이 설레었다. 미술관에서는 '아는 만큼 보인다'라는 진리가 학습 동기를 부추겼다.

8년 전에 펴낸 『인상파 로드』가 하나의 사조 속에서 움직인 여행이었다면, 이번에는 원칙도 규칙도 없이 그저 내 마음이 꽂히는 대로 화가들의 발자취를 따라갔다. 고야의 어두움은 숙연했고, 달리의 괴팍함은 즐거웠으며, 피카소와 마티스의 천재성은 경이로웠다. 반 고흐와 세잔은 여전히 내 마음속 등불이었으며, 마그리트는 삶의 유머를 일깨워줬다. 그리고 밀레는 벌판과 숲에서 자연의 숭고함을 속삭였다. 나의 유럽 여행은 미술의 울타리 속에서 특별한 여정을 선사했다. 그건 길 위에서 발견한 또 다른 기쁨이었다. 예술가들의 흔적을 좇아가는 여행이 모두에게 쉬운 일은 아니겠지만, 생애 한 번쯤은 이런 여행을 해볼 수도 있지 않을까.

오랜 인연으로 기꺼이 책 편집 작업에 동참해준 여문주 님, 『인상파 로드』 이후 다시 호흡을 맞춰준 디자이너 이정민 님, 그리고 열정과 애정으로 발행인을 자처해주신 서정원 대표님, 꼼꼼히 실무를 챙겨주신 노영근 이사님께 진심으로 감사드린다.

Spain

마드리드 Madrid
톨레도 Toledo
사라고사 Zaragoza
푸볼 Púbol
포르트리갓 Portlligat
피게레스 Figueres

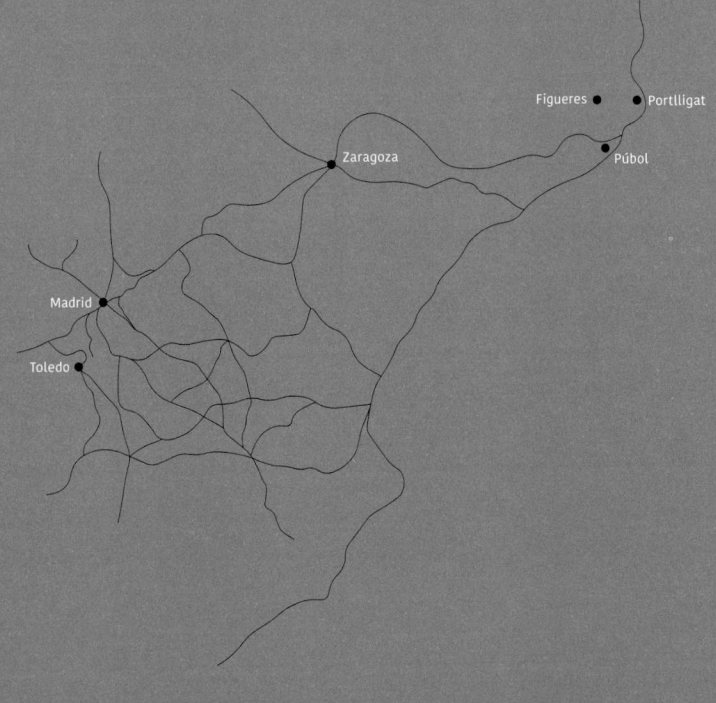

등장 인물

프란시스코 고야 Francisco Goya, 1746~1828
화가의 본성에 충실했던 스페인 낭만파 미술의 대가. 궁정 화가로 일하면서 여러 군주의 초상화를 그렸지만 평생 파격적인 주제와 기법에 매진했다. 또한 일련의 판화 연작에서는 정치 사회적 이슈를 냉소와 은유적 시각으로 표현해 센세이션을 일으키기도 했다. 말년에는 암울하고 위대한 작업 <블랙 페인팅>에 자신의 드라마틱한 삶을 그대로 담아냈다.

엘 그레코 El Greco, 1541~1614
르네상스와 바로크 사이의 과도기적 사조인 매너리즘의 대표 화가. 고향인 그리스를 떠나 스페인 톨레도에서 뿌리를 내렸다. 비상한 색감과 왜곡된 인체 비례, 복잡한 구도와 환상적인 디테일로 자신만의 독창적인 화법을 창조했다. 사후 2백 년이 넘어서야 재평가를 받았으며 특히 낭만파 화가들에게 많은 영향을 끼쳤다.

살바도르 달리 Salvador Dalí, 1904~1989
스페인의 초현실주의 화가. 스스로를 '편집광적'이라 부를 만큼 무의식과 꿈의 세계에 집착했다. 합리적인 사고와 고정된 개념을 거부하고 잠재의식 속에서 영감을 찾았다. 회화뿐 아니라 영화, 조각, 건축, 설치미술 등 다방면에 재능을 보였으며, 이런 천재성은 20세기 예술사에 큰 족적을 남겼다.

1

의자에 앉아 고개를 살짝 위로 올렸다. 턱을 치켜세우고 허리를 힘껏 젖히지 않아도 친절한 높이의 천장화는 곧 시야에 들어왔다. 그 속에 하늘이 있다. 나무 한 그루와 산마루도 보인다. 회반죽을 머금고 태어난 인공의 자연이다. 창문에서 한낮의 빛이 들어온다. 나는 지금 꽤 한가롭다. 달랑 세 개뿐인 나무의자에 앉아 한없이 넋을 놓아도 눈치 줄 사람이 없다. 시선이 요동칠 만큼 풍성한 볼거리는 없지만 수수한 예배당에서 거뜬히 한 시간은 머물 수 있다. 18세기 말, 아라곤Aragon: 스페인 북동부의 자치지방에서 온 한 남자가 마드리드Madrid에 뿌리고 간 절절함 때문이다.

　나는 이 도시에 별 관심이 없었다. 예전의 스페인 여행 때도 호기심의 촉수는 바르셀로나와 안달루시아로 향했다. 그런데 얼마 전, 늙은 귀머거리 화가의 어둡고 광기에 찬 그림들이 새삼 나의 뇌관을 건드렸다. 마드리드 외곽의 농가에 틀어박혀 벽을 컴컴하게 채웠던 화가. 나는 새싹이 푸릇푸릇 돋던 어느 봄날, 그의 심장에 박힌 공포와 분노의 응어리가 궁금해졌다. 젊은 시절 로코코풍의 밝고 화사한 만화 연작을 그리고, 전성기 때는 궁정 화가로 성공가도를 달리던 그에게 어떤 일이 생긴 걸까. 무엇이 이 남자의 삶을 그리도 피폐하게 했을까.

나는, 프란시스코 고야Francisco Goya 때문에 마드리드에 왔다.

푸르스름한 하늘이 캔버스를 가득 물들인다. 그림 속 가장자리 난간에는 여러 인물이 등장한다. 느닷없이 무덤 밖으로 끌려나온 망자亡者와 무죄를 입증하려는 성인聖人, 놀라운 현장을 목격하기 위해 몰려든 군중들. 살인죄 누명을 쓴 아버지의 결백을 밝히려고 죽은 남자를 일으켜 세워 시민과 판사 앞에서 진실을 말하게 했다는, 〈성 안토니오의 기적〉이다. 고야는 이 전설적인 이야기를, 아직은 인간에 대한 애틋함이 남아 있던 시절에 독창적인 솜씨로 풀어냈다. 능란하게 빛의 흐름을 구사하고 인물의 표정과 옷자락에까지 꼼꼼히 공을 들였다. 청각을 잃고 병마와 싸우는 신세였지만 52세의 화가는 비로소 자유로웠다. 자신을 음해하는 경쟁자도 작업을 옭아매는 규율도 없었다.

1798년 고야는 여기, 산 안토니오 데 라 플로리다 성당Ermita de San Antonio de la Florida의 둥근 지붕 아래에서, 높은 발판에 아슬아슬 몸을 맡긴 채, 석회가 마르기 전에 재빨리 스케치하고 수정을 거듭하

프란시스코 고야 1746~1828

Francisco Goya

◆ "이성이 결여된 상상력은 헛되고 불필요한 생각들을 만들어낸다. 이성과 함께하는 상상력만이 모든 예술의 어머니이고 모든 아름다움의 원천이다."

왼쪽 성당 맞은편에 세워진 고야의 동상.
위 '고야의 판테온'이라 불리는 산 안토니오 데 라 플로리다 성당의 전경. 원래는 1730년대 농장부지에 세워진 건물이었다가, 18세기 말 예배당으로 탈바꿈했다. 이후 고야의 흔적을 찾아오는 방문객들이 많아지면서 똑같은 모양의 건물이 옆에 세워졌다. 두 건물은 각각 예배당과 고야 박물관(사진 속 건물)으로 사용된다.

며, 웅장한 프레스코 Fresco: 덜 마른 회반죽 바탕 위에 안료를 입히는 화법 한 점을 완성했다.

입구에서 인기척이 들린다. 여행 첫날의 노곤함을 감안하면 그저 눌러앉고 싶지만, 의자에서 일어났다. 고작 열 평 남짓한 실내가 북적이기 전에 자리를 비켜주는 게 도리다. 나는 중앙제단으로 가다가 석관 앞에서 발을 멈췄다. 그을음이 푹 내려앉은 고야의 허름한 무덤이다.

1824년, 78세의 고야는 쫓기듯 마드리드를 떠났다. 꿈과 성공, 상실과 분노를 안겨준 애증의 조국을 뒤로 한 채, 노구를 이끌고 프랑스 보르도로 향했다. 세 명의 군주와 나폴레옹을 거치고, 연이은 내전과 정치적 격변 속에서 점점 어둠의 나락으로 떨어진 그는 비상구가 필요했다.

"귀가 먹고 늙고 허약하며 프랑스어는 한마디도 못 하는 그가 '세상'을 볼 수 있다며 뛸 듯이 기뻐했다." 보르도에서 반갑게 고야를 맞이한 스페인 시인 모라틴 Leandro Fernández de Moratín 은 친구와의 만남을 이렇게 묘사했다. 이후 두 사람은 타국에서 평안한 망명생활을 하다가 4년 후 두 달 간격으로 세상을 떠났다.

스페인은 프랑스 땅에 묻힌 고야를 한참이나 잊었다. 사후 71년이 되던 1899년, 보르도 주재 스페인 영사는 본국으로부터 전보 한 통을 받았다.

"우리의 위대한 국민 화가 고야의 시신을 당장 마드리드로 보내시오."

1798년, 6개월에 걸쳐 고야가 완성한 천장화 <성 안토니오의 기적>.

부리나케 시신 발굴에 들어간 영사가 급전을 쳤다.
"찾긴 했는데, 머리가 없어요. 어떻게 할까요?"
스페인 총리는 곧바로 회답을 보냈다.
"무조건 고야를 보내게. 머리가 있든 말든."

나는 고야의 '불완전한' 시신이 안치된 무덤 옆에서 쉽게 발을 떼지 못했다.

2

스페인 광장의 돈키호테와 산초를 힐끗 보고 방대한 마드리드 왕궁도 건너뛰었다. 널찍한 길들이 폭을 좁히고 가로수가 서로의 머리를 맞닿을 즈음, 투박한 원형 건축물이 나타났다. 벽면에는 흔한 조각상 하나 없다. 군데군데 부서진 단조로운 외관. 웬만하면 장식을 억제한다는 신고전주의 양식이다. 규모에서는 동네를 압도한다. 하늘이라도 파래서 다행이다. 유럽에서 네 번째로 크다는 돔(로마의 판테온과 바티칸의 성 베드로 성당, 피렌체 대성당이 상위 세 곳이다)이 밋밋한 몸통을 만회하듯, 찬란하다. 이거면 됐다. 라틴 지구 서쪽의 왕립 산 프란시스코 엘 그란데 성당Real Basílica de San Francisco el Grande. 마드리드 화단의 패기 넘치는 신인, 30대의 고야를 넉넉히 품어준 곳이다.

화려한 천장화와 위압적인 대리석 조각들이 돋보이는 실내. 순식간에 신의 영역으로 들어왔다. 마드리드 입성 5년 만에 고야를 일약 스타 반열에 오르게 한 그림도 이 안에 있다. 나는 실내를 쭉 둘러보다가 중앙제단의 오른편, 서간 쪽Epistle Side: 서간을 낭독하는 쪽 예배당 앞에서 멈췄다. 벽면 귀퉁이에 붙은 설명서를 들여다보려는 순간, 불이 켜졌다.

"고야, 고야!"

직원이 성큼성큼 다가오더니 안쪽의 스위치를 올리며 확인시킨다. 미술관의 정성스런 조명에는 한참 못 미치지만 성당은 특별

스페인에서 가장 큰 돔을 가진 건축물인 왕립 산 프란시스코 엘 그란데 성당의 전경.
18세기 중반, 그리스 고전주의 정신에 기초를 둔 신고전주의 양식으로 세워졌다.

종교와 역사성이 혼합된 <시에나의 성 베르나르디노의 설교>는 30대의 젊은 고야에게 명성을 안겨준 작품이다. 설교 중에 일어난 일을 묘사한 것으로, 피라미드 형태의 구도가 돋보인다.

한 재미를 준다. 현장감이다. 2백여 년 전 이곳에서 땀과 물감에 젖은 고야가 때로는 고뇌하고 흥분하며 붓을 휘둘렀을 모습. 상상은 현실을 기분 좋게 흔든다.

그림 속에 고야가 있다. 〈시에나의 성 베르나르디노의 설교〉 우측 귀퉁이에 자신을 카메오로 등장시켰다. 동그란 얼굴에 또렷한 눈매를 지닌 그가 비스듬히 서서 정면을 응시한다. 나는 두 시간 전에 본 그의 무덤을 슬슬 잊어버렸다.

종교, 역사, 자연이라는 세 마리 토끼를 잡았다. 십자가를 든 성인의 머리 위로 빛이 내린다. 보유스름한 나무와 구름이 신비함을 거든다. 설교를 듣는 아라곤의 알폰소 5세와 신하들의 몸짓이 리얼하다. 아카데미의 정통성을 중시했지만 실험적인 터치를 슬쩍 집어넣었다. 고야는 이 제단화로 절대 군주 카를로스 3세로부터 격한 칭찬까지 받아냈다. 이제 그는 궁정으로 가는 특급열차 티켓을 거머쥐었다. 어쩌면 기회이자 고난의 길이기도 한.

3

다행스럽게도 건물에 대형 포스터가 걸렸다. 멀리서도 알아챌 수 있는 고야의 전신 자화상은 문패보다 더 확실한 안내자다. 쭉 뻗은 도리아식 기둥이 우람하다. 1773년, 카를로스 3세가 사들인 바로크 양식의 궁전은 교육을 목적으로 새롭게 탈바꿈했다.

돌계단의 가운데가 움푹하다. 2백50년간 이곳을 오르내렸을 사람들의 무게감이다. 마흔 직전에 회화과 부교수가 된 고야가 학생들을 만나기 위해 부지런히 걸음을 옮겼을 테고, 20세기 초에는 화구를 멘 피카소와 달리가 씩씩하게 교실로 향했을 것이다. 미술을 배우고 가르치던 곳. 이제는 대중에게 알리고 보여주는 공간. 왕립 산 페르난도 미술 아카데미Real Academia de Bellas Artes de San Fernando는 스페인 미술 교육의 메카다.

학교는 미술관이 되었다. 교실은 전시장으로 탈바꿈하고, 학생들의 말소리는 관람객의 감탄사로 바뀌었다. 이젤과 그림도구가 놓였던 교실은 1천4백여 점의 회화와 6백여 점의 조각, 1만 5천여 점의 드로잉 및 장식예술품으로 메워졌다. 벨라스케스, 무리요, 틴토레토, 엘 그레코, 루벤스와 반다이크의 작품들도 대거 포진했다. 그러나 여기서는 단연, 고야가 주인공이다.

40대의 화가가 이젤 앞에 섰다. 건물 밖에 현수막으로 걸렸던 고야의 전신 자화상이다. 크기는 가로 28, 세로 42센티미터. 아주

40대의 고야가 완성한 <이젤 앞에서의 자화상>. 머리에 쓴 모자가 인상적이다. 모자 테두리 주변에 양초가 둥그렇게 달려 있는데, 어두워졌을 때 빛을 발하기 위해서다.

작은 캐비닛포맷 회화Cabinet-format Painting: 가로세로 길이가 60센티미터 이하의 그림이다. 다부진 체격. 꼿꼿한 자세. 예리한 시선. 몸에 걸친 붉은 자수의 투우사 재킷. 머리에 꼭 맞는 모자와 다리에 딱 붙는 하의. 탁자 위에 (그림도구 대신) 놓인 종이와 잉크병. 환한 자연광과 어두운 인물의 대비. 그리고 자화상에 덧붙인 화가의 선언문.

'나는 어리석지 않다. 나는 강인하다. 나는 사람들을 이해하고 대변하는 남자다. 나는 내가 무엇을 바라보는지 잘 안다.'

전시장 벽면에는 이런 문구가 적혀 있다.
'회화에는 어떤 규칙도 없다No Hay Reglas en la Pintura'

고전이 진리가 되던 시절이었다. 아름다움에도 규범이 필요하던 때였다. 고야의 반항은 일찌감치 전조를 보였다. 50대에는 궁정과 가톨릭 교단에 파장을 일으킨 판화 80여 점을, 노년에 접어들면서는 지금 미술관에 걸린 암울한 연작들을 쏟아냈다.

〈종교재판소〉
〈정신병원〉
〈마을의 투우〉
〈채찍질 고행단의 행렬〉

19세기 초, 페르난도 7세는 절대 권력을 행사했고, 민중은 불행했다. 스페인은 혼란의 미궁에 갇혔고, 고야는 60대가 되었다. 검

1812~1819년에 제작된 유화 <정신병원>(맨 위). 고야가 직접 사라고사의 정신병원을 목격한 후 묘사한 작품이다. 당시 여러 질병으로 고통받던 고야 자신의 우울함이 드러난다. 같은 시기에 완성된 <채찍질 고행단의 행렬>(위)은 교회의 타락을 비판하기 위해 그린 연작 중 하나로, 인간의 비이성적인 면과 잔인함을 직설적으로 표현했다.

사육제 중 '재의 수요일'에 일어나는 행사를 그린 <정어리의 매장>. 활력이 넘치는 군중들을 묘사했지만 전체적인 분위기는 어둡고 모호하며 불길하다.

Spain

은 스페인. 가난하고 소외된 사람들. 탁한 하늘. 붉은 피. 인간의 인간에 대한 잔혹함. 무자비한 형벌과 억압. 고야는 민낯의 감성을 드러냈다. 포장하거나 걸러내지 않았다. 낭만주의 미술의 신호탄이었다.

68세에 완성한 〈정어리의 매장〉은 백전노장의 숙련된 은유다. 사육제가 끝나는 '재의 수요일'에 정어리가 매장된 곳에서 치르는 의식. 그러나 그림에는 정어리가 없다. 가면을 쓴 군중들이 덩실덩실 춤을 추지만 왠지 가식적이다. 몸짓은 과하게 격정적이다. 웃는 얼굴에 그늘이 진다. 가면은 섬뜩하고 눈동자는 불길하다. 시커먼 깃발에서 저승사자의 그늘이 스친다. 아, 고야의 어둠에 점점 말려 들어 간다. 나는 마드리드의 태양이 그리워졌다. 전시장을 떠날 시간이다.

4

2019년 7월 4일. 해가 창창하다. 흰색 건물들이 번쩍인다. 푸른 하늘은 관대하고 뭉게구름은 나긋하다. 거리가 흥청거린다. 가벼운 옷차림의 여행자들이 사뿐사뿐 거닌다. 카페 앞은 문전성시, 지하철역은 인산인해다. 즐겁고 유쾌하다. 이렇게 숨 쉬고 있음이 행복한 날이다. 아카데미에서 나와 딱 10분쯤 걸었을 뿐이다. 푸에르타 델 솔Puerta del Sol. 이름 그대로 나는 '태양의 문'을 통과하는 중이다.

1808년 5월 2일. 아수라장이 된 마드리드의 한복판. 푸에르타 델 솔과 마요르Mayor 광장에 피바람이 몰아친다. 마드리드 시민들은 프랑스 군대에 맞서 폭동을 일으킨다. 스페인을 장악하려던 나폴레옹은 친위부대인 맘루크Mamelukes: 9세기부터 존재한, 이슬람 국가의 백인 노예 용병를 투입시킨다. 점령군과 반란군, 말을 탄 특수부대와 칼을 든 폭도들의 싸움이 벌어진다.

1808년 5월 3일. 폭동에 가담했던 이들이 프린시페 피오Principe Pio 언덕에서 프랑스 군대에 의해 무자비하게 처형당한다.

1814년 5월. 고야는 이 사건을 그림으로 기록한다. 두 점의 유화 〈1808년 5월 2일〉과 〈1808년 5월 3일〉. 지금까지 예술가가 남긴, 인간의 인간에 대한 잔학한 행위를 고발한 것 중 가장 통렬한 작품으로 평가받는다.

위 고야의 1814년 작 <1808년 5월 2일>. 부제는 '맘루크의 공격'이다. 나폴레옹의 이베리아 반도 침략 당시, 마드리드를 점령한 프랑스 용병 맘루크에 맞서는 반란군들을 묘사했다.

왼쪽 <1808년 5월 2일>의 실제 배경이 되었던 푸에르타 델 솔(위)과 마요르 광장(아래)의 현재 모습. 지금은 마드리드 시내에서 가장 변화한 곳으로 꼽힌다.

Spain

고야의 <1808년 5월 3일>. 5월 2일 폭동에 가담했던 이들이 마드리드의 프린시페 피오 언덕에서 처형되는 사건을 그렸다.

5

쓰레기 수거차가 한바탕 거리를 휩쓸고 간다. 적막한 거리에 몇몇 관광객들이 캐리어를 끌고 기차역으로 향한다. 냉랭한 기운이 노숙자의 등을 웅크리게 한다. 밤늦게까지 타코벨 앞에서 진을 치던 배낭족들은 다 어디로 갔을까. 나는 찬 기운에 옷깃을 여미며 셔터가 내려진 식당들 앞을 서성댔다. 자다 깨다를 반복하며 뒤척인 끝에 결국 이불을 박차고 나온 시간은 7시. 한여름 마드리드의 아침 기온이 섭씨 13도를 찍는다. 시차로 인해 오전 시간을 잠에서 허우적대던 어제는 미처 깨닫지 못했던 상황이다.

"기차역 앞이라 식당들이 일찍 문을 열 줄 알았는데…." 나는 혼자 웅얼거렸다. 전날 슈퍼마켓에 들르지 않은 게 후회가 됐다. 호텔이 아닌 아파트를 숙소로 정할 때 이 정도는 감수했어야 했다.

"저기, 식당에 인기척이 보이네." 갑작스런 추위에 안절부절못하는 아내를 위해 T가 재빨리 골목 뒤로 간다. 어느 부지런한 주인장 덕분에 잠을 설친 여행자의 아침이 편안해진다. 까칠한 위장 속으로 부드러운 카푸치노와 따뜻한 크루아상이 들어간다.

거리가 조금씩 활기를 띤다. 아직 두어 시간 남았다. 오픈 전에 도착해 주변을 돌아보는 것도 괜찮으리라. 나는 국립 프라도 박물관Museo Nacional del Prado에서 꼭 봐야 할 그림 목록을 열심히 되새겼다.

세 화가의 동상들이 건물 세 면(서쪽과 남, 북쪽)을 지킨다. 바로크 시대를 풍미한 벨라스케스Diego Velázquez와 무리요Bartolomé Esteban

Murillo 그리고 낭만주의의 포문을 연 고야. 마드리드의 자랑스러운 위인들이다. 예술은 순수하고 영원하다. 어떤 군주나 정치인들의 요란한 퍼포먼스보다.

스페인 미술의 심장부로 왔다. 총면적 41,995제곱미터(약 1만2천 평). 총 소장품 약 3만여 점(대략 회화 8천, 드로잉 9천, 판화 5천, 조각 1천, 장식예술품 1천, 메달과 주화 2천 그리고 기록물과 사진들). 정말 크고 많다. 따라서 비 미술 전문가인 나는 그간의 경험을 토대로 이런 결론에 도달했다.

어차피 곳곳을 다 돌아볼 수 없다.

어차피 전시작들을 다 관람할 수 없다.

어차피 모든 작품을 다 이해할 수 없다.

어차피 중간쯤이면 지치고 두통이 나서 집중력에 한계가 온다.

그리고 어차피, 박물관 밖을 나오면 기억이 가물가물해진다.

그래서 선택과 집중을 하기로 했다. 그에 따른 나의 주관적인 관람 요령을 3단계로 나눠본다.

하나, 총총걸음으로 통과하거나 아예 가지 않는다. 개인의 취향은 자유다.

둘, 전체를 뭉뚱그려서 한꺼번에 훑는다.

셋, 작가명과 작품명을 일일이 확인하며 열심히 감상한다. 예습까지 한다면 금상첨화다.

사진 촬영이 '심하게' 통제되어 단 하나의 현장 기록도 남길 수 없었지만, 나는 마드리드에 온 절대적 이유를 찾아냈다. 그곳에는

벨라스케스와 고야의 초특급 걸작들이 있었다. 그중 몇 작품을 간추리면 다음과 같다.

<십자가에 못 박힌 그리스도> 벨라스케스, 1632 십자가에 못 네 개가 박혔다. 두 팔은 미세하게 휘었다. 두 발은 가지런히 모아져 나무 버팀대에 의지한다. 허리에 둘러진 흰 천이 겨우 몸을 가린다. 길고 곧은 머리카락이 얼굴 한 면을 덮는다. 머리에는 미세한 후광이 비치고 상처에서는 붉은 피가 흘러내린다. 이미 죽음을 예시한 듯 고개가 가슴 쪽으로 기운다. 창백한 안색은 숭고함이다. 아폴로 신을 능가하는 완벽한 신체는 인간의 아름다움이다. 고요. 평온. 존엄. 고결. 오로지 십자가와 예수뿐이다. 간결해서 강렬하다.

<라스 메니나스> 벨라스케스, 1656 그림의 주제는 무엇일까. 이젤 앞의 화가(벨라스케스)는 누구를 그리고 있을까. 거울에 비친 왕(펠리페 4세)과 왕비는 '그림 밖'의 인물일까 혹은 화가의 '캔버스 속' 그림일까. 먼 뒤편의 남자(벨라스케스의 친척으로 추정)는 뭘 하려는 걸까. 마르가리타 테레사 공주(펠리페 4세 딸) 옆의 시녀는 왜 무릎을 굽혀 절을 할까. 이 방은 어디일까. 11명의 인물들은 왜 제각각 다른 곳을 쳐다볼까. 대체 이 그림은 무엇을 보여주려는 걸까. 온통 의문투성이다. 서양화 역사상 가장 복잡하고 비밀스러운 작품. 후대의 해석도 각양각색이다. 이미 세상을 떠난 벨라스케스만이 그 답을 알 것이다.

맨 위 벨라스케스의 <십자가에 못 박힌 그리스도>. 간결한 구도와 압축된 상징이 오히려 강렬하다.

위 고야의 태피스트리 밑그림인 <파라솔>, 마드리드에 입성한 젊은 고야의 데뷔작.

맨 위 벨라스케스의 <라스 메니나스>. 주제와 의미가 여전히 미스터리로 남아 있는, 서양 미술 최고의 문제작.

위 고야의 <카를로스 4세 가족>. 왕과 왕비의 우스꽝스런 모습이 여러 해석을 낳고 있다.

맨 위 고야의 <옷 벗은 마야>. '서양 미술사에서 알레고리나 신화적 의미 없이 표현된 최초의 실물 크기의 여성 누드'로 꼽힌다. 스페인 왕궁의 실세였던 고도이의 주문으로 제작되어 그의 집 한쪽 벽을 장식했다. 이 그림으로 고야는 궁정 화가의 지위를 박탈당했다.

위 고야의 <옷 입은 마야>. 고도이의 주문으로 제작된 작품. 그림의 모델은 <옷 벗은 마야>와 같이 알바 공작부인으로 추정된다.

<파라솔> 고야, 1777 마호와 마하Majo & Maja: 18~19세기 스페인에서, 세련된 옷차림의 노동계층 남녀를 통칭가 산책을 나왔다. 사랑스런 두 남녀. 청명한 하늘과 고운 햇살. 화사한 색과 유연한 붓놀림. 엘 파르도 궁전카를로스 4세의 왕세자 시절 거처의 식당에 걸릴 태피스트리 밑그림 중 하나다. 시골풍의 일상적인 주제 속에서 경쾌함을 표현했다. 풋풋한 고야의 마드리드 데뷔작.

<옷 벗은 마하> 고야, 1797~1800 / <옷 입은 마하> 고야, 1800~1805 전시장에 나란히 걸린 똑같은 크기, 똑같은 모델, 똑같은 자세의 두 그림. 마드리드 왕실의 실세였던 마누엘 고도이Manuel Godoy의 주문으로 제작된 작품. 벗은 여자의 당돌한 눈빛과 노골적 자세. 비너스와 이브의 전유물이었던 여성 누드가 현실로 파고들었다. 전통적 관념을 벗어던진 고야의 야심작. 그 대가는? 종교재판에 회부되고 궁정 화가의 지위를 박탈당했다. 그러나 후배들에게는 신나는 자극제다. 60여 년 후 마네는 당당하게 <올랭피아>를 그렸다. 개척자는 이래서 고달프다.

<로스 카프리초스 연작> 고야, 1797~1798 영화 <고야의 유령Goya's Ghost>의 첫 장면을 장식한 도발적인 그림들. '변덕'이라는 의미의 80여 점 에칭 연작. 무능한 지배 세력. 부패한 성직자. 탐욕스런 귀족. 미신 숭배. 매춘. 비합리적 관습. 궁정 스캔들. 이 모든 악의 축이 고야의 붓 끝에서 적나라하게 꿈틀거린다. 자유롭게, 냉소적으

로, 비범하게, 현대적으로. 1799년 판매 시작. 또 한 번 종교재판소에 소환될 게 염려돼 며칠 만에 회수, 27점만이 판매되었다. 특히 43번 〈이성이 잠들면 악마가 깨어난다〉는 의미심장하다. 선잠이 든 남자는 고야 자신일까. 혼란스런 이성이 암흑을 배회하는 걸까. 우둔함의 상징인 올빼미, 무지함의 상징인 박쥐, 이성이 무뎌진 틈을 노린 환각의 괴물. 우울한 모더니스트 고야가 청각을 잃은 대신 내면의 소리에 천착한다.

〈카를로스 4세 가족〉 고야, 1800~1801 왕의 가족이 한자리에 모였다. 1명의 아내, 6명의 자녀, 1명의 손자, 1명의 사위, 2명의 형제, 1명의 예비 며느리. 등장인물은 왕과 (그림 뒤편의) 고야를 포함해 총 14명. 제작 기간 1년. 각각의 개성 넘치는 표정. 누구 하나 소외되지 않도록 담아낸 완벽한 구도. 생생한 디테일의 의상과 보석. 그런데 한참 보고 있으면 왠지 실소가 나온다. 궁정 수석 화가인 고야가 경의와 존경을 담았을 게 분명하거늘, 19세기 프랑스 시인 테오필 고티에Théophile Gautier는 이런 논평을 냈다. '왕의 모습은 마치 복권에 당첨된 길모퉁이 식료품 상인의 모습과 같다'고. 고야의 속 깊은 풍자였을까?

〈1808년 5월 2일〉 〈1808년 5월 3일〉 고야, 1814 고야는 보았고 분노했고 기록했다. '5월 2일'은 치열하고 사실적으로, '5월 3일'은 섬뜩하고 애절하게. 이보다 더 생생한 고발이 있을까. 영국의 역사학자

오른쪽 위 고야의 에칭 연작인 <로스 카프리초스> 중 43번 <이성이 잠들면 악마가 깨어난다>. 선잠에 빠진 남자는 고야 자신으로, 올빼미와 박쥐는 우둔과 무지를 상징한다.

오른쪽 아래 고야의 어두운 말년을 장식했던 '블랙 페인팅' 중 하나인 <자식을 잡아먹는 사투르누스>. 아들에게 자리를 빼앗길 게 두려워 아들을 잡아먹었다는 로마의 신 사투르누스를 광적인 모습으로 묘사했다.

왼쪽 '블랙 페인팅' 중 하나인 <개>. 황토색 하늘과 칙칙한 언덕 사이로 고개를 치켜든 개의 모습은 죽음과 가까워진 고야 자신을 대변한다.

Spain

인 케네스 클라크Kenneth Clark는 〈1808년 5월 3일〉을 가리켜 '단어, 양식, 주제, 의미를 망라한 모든 감각적인 면에서 가히 혁신적이라 부를 수 있는 최초의 위대한 그림'이라 칭했다.

〈블랙 페인팅 연작〉 고야, 1819~1823 고야는 늙어갔다. 병들고 지쳐갔다. 26년째 소리를 잃었다. 나라는 엉망진창이 되었다. 인간의 어리석음과 사악함이 가슴을 죄어왔다. 온 세상이 미쳐갔다. 탈출이 필요했다. 홀연히 시골 농가에 숨어버렸다. 이젤과 캔버스 대신 벽 앞에 섰다. 탁한 물감으로 그 공간을 하나 둘 채워갔다. 기이한 이미지가 만들어졌다. 조롱하는 노파(웃는 여인들)와 은밀한 정치 연합을 벌이는 정치인들(독서하는 남자들), 공중을 표류하는 남녀(몽환적인 광경)와 해골 형상의 두 노인(수프를 먹는 두 노인), 급기야 야만적인 아버지(자식을 잡아먹는 사투르누스. 이 그림은 식당 벽에 그려졌다)까지.

'블랙 페인팅' 14점(총 15점 중 1점은 분실됨)은 모질고 비참하고 무섭고 슬펐다. 제목도 없이(혹시 고야가 붙였다 해도 발설된 적이 없으며 후에 미술 사가들이 명명) 오로지 자신만을 위해 존재했다. 고야가 사망한 지 46년 후인 1874년, 어둠에 묻혀 있던 시골 농가가 세상에 드러났다. 그제야 벽에 들러붙어 찌든 그림들이 거칠게 베어졌다. 캔버스로 옮기는 과정에서 회반죽이 부서지고 물감이 떨어져 나갔다. 긴 복구 기간을 거쳐 마침내 프라도 박물관에 안착했다. 고야의 은밀했던 세계가, 본인이 원했든 아니든, 만천하에 공개되었다.

흉흉한 '검은 그림들' 속에서 덜 검은 그림 하나가 있다. 갈색 톤의 막막한 공간에서 간신히 목만 내민 개 한 마리. 그림 〈개〉에 대한 해석은 분분하다. 무슨 의미를 지니든 상관없다. 화가가 철저히 주관적으로 그렸다면 관람자 역시 주관적으로 느끼면 될 터. 비탈진 모래밭 속으로 점점 몸이 빨려 들어가는 개의 모습은, 내게는, 고독이다. 모든 인간에게 닥쳐올, 늙고 쇠약한 순간에 홀로 맞이할 지독한 외로움.

6

프라도 박물관의 명성에는 못 미치겠지만 포세이돈 분수대를 사이에 놓고 열심히 자존감을 뽐내는 곳이 있다. 미술을 사랑하고 재력이 넘치며 같은 의지와 다른 취향을 지닌 부자父子의 살뜰한 결실, 국립 티센보르네미사 박물관Museo Nacional Thyssen-Bornemisza이다.

1875년 독일의 기업인 아들로 태어난 하인리히 티센Heinrich Thyssen은 30세에 보르네미사 남작의 딸과 결혼한다. 이때부터 그의 인생은 전환점을 맞는다. 아들 없는 처가에 입양됨과 동시에 오스트리아-헝가리제국 왕으로부터 남작 작위를 부여받는다. 장인이자 양부가 사망한 후 단단한 사업체와 유산을 소유한 그는 재력과 예술적 소양을 토대로 본격적인 미술품 수집에 나선다.

개인적 관심사였던 고전주의와 르네상스 작품들이 속속 손에 들어왔다. 그 맥을 이어받은 아들 한스Hans는 19~20세기 현대미술, 특히 독일 표현주의에 정성을 쏟았다. 2대에 걸쳐 구축된 방대한 컬렉션은 협정을 거쳐 스페인 정부에 양도되었고, 1992년 대중 앞에 선을 보였다. 또한 한스의 아내인 카르멘은 19세기 말과 20세기 초의 미술품 수집에 남다른 열정을 보이면서 소장품의 다양성에 크게 기여했다. 이를 증명이라도 하듯 전시장은 시대와 공간을 아우르며 흥미로운 컬렉션을 보여준다.

이탈리아 르네상스 미술의 만형격인 기를란다요의 초상화는 고전의 향연이다. 독일 미술의 우상, 뒤러의 성화는 가히 독보적이

맨 위 국립 티센보르네미사 박물관의 로비.
위 모네의 1881년 작 <트루빌의 오두막, 썰물>.

Spain

다. 바로크의 풍운아 카라바조의 그윽한 초상화는 명불허전이다. 루벤스는 비너스와 큐피드로, 렘브란트는 자화상으로, 한스 멤링은 기도하는 남자로 플랑드르 미술을 선보인다. 낭만화가 고야와 들라크루아의 소품들도 구색을 맞춘다. 쿠르베의 사실적 풍경화를 지나면 빛의 전도사인 인상파 주역들이 기다린다. 20세기의 전설적인 라이벌, 피카소와 마티스도 빠질 수 없다. 에드워드 호퍼의 청청한 바다와 조지아 오키프의 달빛 뉴욕은 미국 모더니즘을 대변한다. 달리의 현실 저편이 있다면 키르히너의 적극적 표현도 있다. 몬드리안의 차가운 추상이 있으면 칸딘스키의 따뜻한 추상도 있다. 티센보르네미사는 한 건물에 8백여 년의 서양 미술을 담아냈다. 지루할 틈이 없다. 대작의 흥분은 없어도 관람의 기쁨은 차고 넘친다. 게다가 개인 소장품이라니.

마드리드의 태양이 기염을 토한다. 미술관을 나와 관광객들처럼 거리를 배회할까도 했지만, 그러기엔 좀 덥다. 낯선 타국인데도 불구하고 유럽의 비슷비슷한 도시 풍경은 호기심을 무디게 한다. 야속한 나이다. 그러나 목적이 또렷하면 의지가 생긴다. 20세기를 대표하는 가장 위대한 화가의 걸작이 남아 있다. 1시간 후 나는 국립 레이나 소피아 미술센터Museo Nacional Centro de Arte Reina Sofía에서, 드디어, 파블로 피카소Pablo Picasso의 〈게르니카〉와 마주했다.

소련을 등에 업은 인민전선 정부군과 독일 및 이탈리아가 지원하는 프랑코 장군의 반정부군. 이들이 격돌하면서 벌어진 스페인

위 칸딘스키의 1908년 작 <뮌헨의 루드비히 성당>. 물감을 캔버스에 직접 찍어 바르는 분할주의 기법의 대표작. 강렬한 색감으로 어둠과 밝음의 대비를 강조했다.

오른쪽 고갱의 1892년 작 <마타 무아(In Olden Times)>. 달의 여신 히나를 찬양하는 여인들을 표현했다. 고갱이 원시를 찾아 떠난 타이티에서 완성한 작품이다.

Spain

내전은 1936년부터 3년간 전 국토를 초토화했다. 결국 반정부군이 승리를 거뒀고, 스페인은 오랫동안 프랑코 총통이 지배하는 파시즘 국가가 되었다. 사건이 터진 때는 내전이 한창이던 1937년 4월 26일. 스페인 북부 바스크의 수도인 게르니카Guernica에는 마침 장날이라 많은 시민이 모였다. 그때 독일 나치 비행단이 나타나 빗발치듯 폭탄을 떨어뜨렸다. 그것도 부족해 들판으로 도망치는 사람들에게 무차별 총격을 가했다. 게르니카는 순식간에 생지옥이 되었다. 파리에 머물던 피카소는 신문에서 이 뉴스를 접했다. 그의 분노는 들끓었고, 가장 잘하는 방법으로 그것을 표출했다. 그림이었다. 그리고 단 두 달 만에 완성했다.

얼굴을 비틀며 울부짖는 말. 죽은 아이를 안고 목 놓아 우는 엄마. 화염에 휩싸인 집. 정신을 놓은 듯 무표정한 황소. 바닥에 널브러진 남자와 부러진 칼. 이들의 형태는 모노톤 속에서 해체되고 단순해졌다. 그림 어디에도 게르니카의 구체적 상징이 없다. 인간의 폭력과 잔인함을 보편적 암시로 그렸다. 알 만한 사람은 다 알 수 있도록. 거기에 희망의 씨앗들을 심어 놨다. 여자의 손에 들린 횃불, 고통스런 말의 입에서 튀어나온 새 한 마리, 죽어가는 남자의 손등에 피어난 꽃.

극단의 고통을 절제의 미학으로 풀어낸 피카소. 관람객들은 그저 긴 호흡으로 바라만 볼 뿐이었다.

7

짐은 밤에 정리해도 된다. 일단은 두 다리 뻗고 쉬어야겠다. 구석구석 흐트러진 옷가지며 잡다한 물건들을 애써 외면하던 나는 슬그머니 노트를 뒤적였다.

"뭐가 남았어? 봐야 할 게?" T가 불안한 말투로 묻는다. 그의 풀어진 자세는 더 이상의 외출이 불가능한 경지에 이르렀다.

"아니, 별거 아닌데…." 이 말과 동시에 나는 시계를 들여다봤다. 7시가 가까워온다. 밖은 아직 쨍쨍하다.

"언제 또 마드리드에 오겠어. 미련을 남기지 말자고. 어딘데?"

T의 말이 끝나기가 무섭게 나는 외출 채비를 했다. 실은 안 가도 된다. 내가 원하는 게 있을지 확신도 없다. 그럼에도 불구하고 실오라기 같은 궁금증이 뒤통수를 당겼다.

"8시에 문 닫으니까 빨리 택시 타고 갑시다." 모든 게 급해졌다.

헐레벌떡 도착한 나는 학구적인 전시물들을 재빨리 지나쳤다. 여기는 마드리드 역사 박물관Museo de Historia de Madrid이다. 합스부르크 시대 연대표는 나중 기회로 미루는 게 좋겠다.

나는 여행 전에 찾아낸 흐릿한 사진 한 장을 휴대전화 화면에 띄워놓고 전시장 안을 부지런히 살폈다. 그러나 축소모형들을 일일이 확인하기에는 너무 무리였다. 여러 번의 문의와 소통 끝에 한 직원이 답을 내놨다. "저쪽에 있어요!" 그녀의 단호한 표정에 믿음이 갔다. 나는 19세기 마드리드의 모형 진열대를 연이어 돌다가 멈

19세기의 마드리드 모형물. 동그라미 표시 안의 검은 형태가 고야의 마지막 집이다.

쳤다. 몇십 배로 확대된 사진이 혼란을 준 것이다. 귀퉁이에 비슷한 물체가 보였다. 손톱만 한 크기의 아주 작은 형태로.

퀸타 델 소르도Quinta del Sordo: '귀머거리의 집'이라는 뜻. 빼곡한 마드리드 도심 외곽, 논밭 앞에 오롯이 놓인 집 한 채. 전 주인도 귀머거리라 하여 일명 '귀머거리의 집'으로 불렸다는 초라한 농가. 노년의 고야가 기거했던 바로 그 집. 기괴하고도 음울한 형상들이 벽 전체를 물들인 '블랙 페인팅'의 산실. 1909년 퀸타 델 소르도는 철거되었고, 마드리드에서 영원히 사라졌다.

아무리 들여다봐야 자그마한 덩어리에 불과하지만, 이것으로 충분하다. 상상은 미세한 틈만 생겨도 비집고 나오니까. 직원들이 문 닫을 준비를 한다. 나는 그제야 이마에 맺힌 땀을 훔치며 T를 향해 웃었다. 마드리드의 마지막 날이다.

8

 기지개를 켜는 오전 햇빛이 제법 세다. 나는 반사적으로 눈을 찡그리며 계단 아래로 발을 디뎠다. 플랫폼의 시멘트 바닥이 후끈하다. 마드리드의 아토차Atocha 역을 출발한 초고속 열차가 30분 만에 당일치기 관광객들을 쏟아낸다. 인파가 흩어지자 역사 안의 장식물들이 몸집을 드러낸다. 편자 무늬 장식과 스테인드글라스 창이 이국적이다. 아라베스크 타일과 나무 패턴이 아랍의 향취를 풍긴다. 중세 때 이베리아반도를 지배했던 무어인Moorish: 아프리카 북서부에 거주하던 이슬람교도들의 산물, 네오무데하르Neo-Mudéjar 건축이다. 가톨릭, 이슬람, 유대교가 섞이면서 독보적 문화유적지가 된 도시. 평생 이방인으로 살다간 화가의 이야기가 여기, 톨레도Toledo에서 시작된다.

 1567년, 그리스인 도메니코스 테오토코풀로스Doménikos Theotokópoulos는 고향 크레타섬을 떠났다. 에게해, 이오니아해, 아드리아해를 거쳐 긴긴날 뱃길을 따라 다다른 곳은 이탈리아의 베네치아. 넓은 세상을 갈망했던 청년은 마침내 꿈의 깃발을 펄럭였다. 베네치아 르네상스의 대가 티치아노가 아직 살아 있던 때다. 80세의 노장과 26세의 푸릇한 신예가 만났다. 청년은 티치아노의 제자가 되어 르네상스 기법을 터득해갔다. 새롭게 부상된 매너리즘Mannerism: 르네상스에서 바로크로 넘어가기 전에 나타난 과도기적 미술양식의 기류도 놓치지 않았다.

 르네상스 3대 거장이 모두 사망한 후인 1570년경, 로마로 이동한 청년은 전통적 주제를 자기 스타일로 해석하며 조금씩 이름을

엘 그레코 1541~1614

El Greco

◆ "예술가는 외로움 속에서 예술을 창조한다. 창조의 정신은 고통스러운 것이다. 그것은 영혼으로부터 나오는 난해한 탐사다."

알렸다. 그러나 미켈란젤로에 대해 (존경하면서도) 다소 비판적 의견을 내놨다는 이유로 주 무대에서 배척당한다. 홀로 타지에 떨어진 그에게는 가혹한 벌이었다. 떠나야 할 명분이 생겼다.

1577년, 36세의 남자는 스페인 마드리드를 거쳐 톨레도에 도착했다. 오래 머물 생각은 없었다. 그러나 행운의 여신이 그의 손을 잡아준 걸까. 톨레도 화단에서 점차 독창성을 인정받게 되자 친구와 지지자 그룹이 생겼고, 낯선 도시에서의 정착이 현실로 다가왔다. 이제 지인들은 길고 불편한 외국 이름 대신 간편한 일반명사로 그를 불렀다. '그리스인'이라는 뜻의 엘 그레코 El Greco 다.

좁은 골목에서는 기골이 장대한 기둥만 두드러진다. 한껏 뒷걸음질 쳐봐야 시야에 담벼락 절반도 들어오지 않는다. 톨레도 대성당 Catedral de Toledo 앞에서 제대로 건축물 감상을 시도하려던 나는 곧 단념하고 안으로 들어갔다. 기대감의 만족은 그다음에 이뤄졌다. 스페인 가톨릭의 수석 성당답게 크기와 아름다움, 신성함의 세 요소가 맞아 떨어졌다. 고딕 양식 위에 다양한 기법과 장식품이 가미되었다. 이 땅이 겪었던 기독교와 이슬람교의 엇갈린 통치는 대성당의 혼합미로 이어졌다. 역사는 어떤 모양새로든 자국을 남긴다. 비록 거칠고 험난했다 할지라도.

긴 회랑 끝으로 수녀가 걸어간다. 그녀의 앞에 한 가닥 빛줄기가 드리운다. 나의 시간이 멈춘다. 유난히 어두운 실내가 어수선한 현실을 밀어낸다. 이럴 때가 있다. 여행 중이 아니라, 마치 오래전부터 여기에 살아온 듯 착각이 들 때.

성물보관실Sacristy로 불리는 방 안쪽에서 사람들이 술렁인다. 그들의 시선이 중앙의 제단화에 쏠린다. 선홍색 옷을 입은 예수의 전신이 멀리서도 눈에 띈다. 그리스에서 배운 비잔틴, 이탈리아에서 습득한 르네상스, 거기에 매너리즘 기법까지 적절히 녹여낸, 엘 그레코의 첫 야심작 〈그리스도의 옷을 벗김〉이다. 톨레도 도착 후 받은 첫 주문이다.

십자가에 못 박히기 직전의 예수가 초연하다. 색깔과 구도는 그에게로만 집중된다. 표정 묘사는 정교하고 명암 대비는 뚜렷하다. 그러나 당시 성당 측은 만족하지 않았다. 주제는 낯설고, 구도는 이상하고, 군중들의 머리 위치는 예수보다 높다는 게 이유였다. 엘 그레코는 원하는 가격에 한참 못 미치는 금액을 받았다. 성당과의 사이도 소원해졌다. 그러나 세월이 흘러 톨레도 대성당은 최고의 알짜배기 보물로 이 그림을 내세운다. 진작 그랬다면 좋았으련만.

9

 골목은 하늘을 머리에 이고 담에 기대어 요리조리 뻗어나갔다. 나는 대성당에서 나와 서쪽으로 향했다. 그러나 걷다가 멈추고를 반복했다. 가끔씩 방향도 잃었다. 지나온 길로 되돌아가기도 했다.

 나잇살 두둑한 건물들은 수백 년간 그래왔듯 서로 마주 보며 그늘과 양지를 주고받았다. 산토 토메 성당Iglesia de Santo Tomé은 얽히고설킨 골목들이 잠시 숨을 고르는 언덕 위에 자리 잡고 있었다.

 오로지 그림 하나에 사람들이 몰려들었다. 성당 자체보다는 건물 입구에, 정문보다는 뒷문에, 실내보다는 로비에 관심을 쏟았다. 7백여 년의 역사와 특출한 무데하르 첨탑도 엘 그레코의 유화 한 점을 당해내지 못했다. 입장료 3유로를 내고 끈질기게 머물 수 있는 시간은 약 10분. 방문객들은 옹색한 로비에 떼 지어 서서 최대한 잽싸게, 최대한 뚫어지게 벽면을 쳐다봐야 한다. 사진 촬영도 금지다. 성당의 경건함을 누리며 우아하게 성화를 감상하는 것과는 다르다. 그러나 '스페인 역사에서 가장 진정성 있는 예술작품 중 하나'로 꼽히는 이 그림은, 이렇게라도 봐야 한다.

 1323년, 톨레도의 오르가스Orgaz 마을에 살던 귀족 곤잘로 루이스Gonzalo Ruiz de Toledo가 죽음을 맞는다. 생전에 자비와 선행을 베풀던 그는 산토 토메 성당에 묻히게 해달라고 유언한다. 통 큰 기부와 함께. 전설 같은 이야기는 이제부터다. 고인의 장례식 날, 천상에서 성 스테파노와 성 아우구스티누스가 내려와 자신들의 손으

위 도시 전체가 역사박물관이라 불릴 만큼 수많은 유적들이 남아 있는 톨레도의 올드타운. 구불구불한 골목 사이로 오래된 가옥들이 즐비하다.

오른쪽 <오르가스 백작의 매장>이 걸린 산토 토메 성당의 로비. 이 그림을 보기 위해 전 세계에서 관광객들이 몰려든다.

Spain

로 시신을 직접 땅에 묻었다는 것이다.

엘 그레코는 1586년 3월, 산토 토메의 주임사제로부터 작품 의뢰를 받는다. 9년째 뿌리 내린 톨레도에서의 입지에 쐐기를 박을 기회였다. 마감 기한은 이듬해 성탄절까지였다. 그는 빛의 속도로 해나갔다. 필사적이었고 절박했다. 결과는 대성공이었다. 〈오르가스 백작의 매장〉이 공개되자 톨레도 시민들은 즉각적인 반응을 보였다. 놀라움과 존경이었다.

그림의 장면은 위 아래로 나뉜다. 영혼이 올라간 천상은 기체로 이뤄진 듯 신비롭다. 길쭉한 인체비례를 가진 천사와 성인들은 구름을 타고 하늘을 누리며 예수를 경배한다. 아래쪽은 지상이다. 백작의 시신 뒤로 당대 최고의 지식인들이 병풍처럼 촘촘히 둘러섰다. 황금색 의복의 두 성인이 몸을 구부려 매장을 진행한다. 안정된 구도와 비상한 색감으로 표현된 천국과 현세의 대비. 신실한 인간이 삶과 죽음에서 겪게 될 두 세상이다. 엘 그레코와 어린 아들의 모습도 보인다. 아이의 주머니에는 자신의 출생연도인 '1578'과 아버지의 서명이 적힌 종이가 꽂혀 있다.

1922년 스페인을 여행하던 아인슈타인은 〈오르가스 백작의 매장〉을 본 후, 일기장에 촌철살인의 감상평을 적었다.

"내 한평생 봐온 어떤 심오한 이미지들보다도 장엄하다."

지에브 로젠크란츠Ze'ev Rosenkranz: 호주 출신의 아인슈타인 전문 에디터, 『앨버트 아인슈타인의 여행일기The Travel Diaries of Albert Einstein: The Far East, Palestine, and Spain』 중에서, 2018년.

톨레도에서의 엘 그레코 입지를 확고히 만들어준 작품 <오르가스 백작의 매장>.
등장인물들의 왜곡된 비례와 비상한 색감 그리고 안정적인 구도는 당시 대단한 호응을
불러일으켰다.

나는 인파에 떠밀려 10분을 채우지 못하고 나왔다. 언덕 아래 벽돌집은 이 마음을 헤아리듯 넉넉하게 맞아줬다. 정원의 나무 그늘이 반갑다. 따가운 햇볕이 잠시 멈춰 선다. 살랑살랑 실바람이 불어온다. 색색의 꽃과 녹색 담쟁이가 오솔길을 수놓는다. 그레코 박물관Museo del Greco의 여유가 고맙다. 단정한 기와지붕과 돌담은 안락함이다. 안뜰의 벽돌 바닥과 기하학무늬의 타일은 스페인의 정취다. 방 안에 놓인 낡은 가죽의자와 둔탁한 선반은 과거의 향수다. 저명한 예술 후원자였던 베가인클란Vega-Inclán 후작 덕분이다.

1905년 엘 그레코 집터 부근의 폐가를 구입한 그는 고증을 통해 치밀한 복원 작업에 들어갔다. 비록 화가의 소유물들은 사라졌지만 16세기의 가옥 형태와 재질, 가구와 소품, 거실과 부엌을 멋들어지게 되살렸다. 옆에는 박물관을 세웠다. 성당과 수도원 심지어 개인 집까지 수소문해 뿔뿔이 흩어진 작품들을 모았다. 건실한 보금자리에 그림들이 합세하면서 '하우스 뮤지엄House Museum'의 면모를 갖췄다. 그중에서도 하이라이트는 자연적이면서 추상적인 그림, 〈톨레도의 전경과 지도〉다.

사실적인 풍경 위에 시공을 초월한 오브제들이 얹혔다. 구름이 하늘과 언덕 밑을 떠다닌다. 오른편에는 톨레도의 상세 지도가, 왼편에는 타구스Tagus강의 풍요를 뜻하는 항아리와 물이, 움푹한 땅에는 중세의 타베라Tavera 병원이, 하늘에는 성모마리아가, 뒤편에는 대성당이 그려졌다. 크고 작음, 비움과 채움의 구도 속에서 67세의 엘 그레코는 우주만물을 다 쏟아냈다. 하고 싶은 이야기가 정말 많았나 보다.

　이 그림을 끝내고 6년 후인 1614년, 엘 그레코는 세상을 떠났다. 그는 조용히 잊혀 갔다. 매너리즘 이후에 들이닥친 바로크 미술의 거센 물결 앞에서 작품들마저 묻혔다. 아들과 몇몇 무명 화가들만이 그의 난해한 화풍을 따라 했을 뿐이다. '스페인의 그리스인'은 사후 2백여 년간 쓸쓸한 혼령이 되었다. 마치 처음부터 없었던 사람처럼. 그를 막막한 심연에서 끄집어낸 이들은 19세기의 낭만파 예술가들이었다. 이후 엘 그레코의 기발하고 야릇한 아우라는 스페인을 넘어 전 세계로, 19세기를 넘어 20세기로 퍼져나갔다. 마네와 세잔, 피카소와 잭슨 폴록에까지.

　'영혼이 머릿속에서 미친 듯이 휘파람을 불기 때문에 그림을 그린다'고 했던 엘 그레코. 고향을 떠나올 때 이미 영혼의 혀끝이 슬며시 입김을 불어넣고 있었던 건 아닐까.

16세기의 가옥 형태와 재질, 가구와 소품, 거실과 부엌을 되살려 만든 그레코 박물관의 전경과 내부 모습. 왼쪽 그림은 엘 그레코 말년의 작품인 <톨레도의 전경과 지도>.

Spain

10

온실처럼 꾸민 마드리드 기차역은 덕분에 찜통이 되었다. 식물들은 태양열을 내리붓는 최강의 천창이 고맙겠지만 인간들은 그 곁에서 고통의 진땀을 흘려야 한다. 톨레도를 출발한 기차가 다시 마드리드에 도착했을 때는 오후 4시. 다음 목적지로 가는 기차를 타려면 1시간 반을 이 안에서 버텨야 한다. 그나마 바깥보다는 나으니까. 하루에 이동을 끝내자는 건 내 아이디어였다. 물론 아토차역의 격렬한 친환경 설계는 예상 목록에 없었다. T가 보관소에 맡겨놓은 짐부터 찾자고 제안한다.

"혹시 기차가 먼저 와 있을지 모르잖아."

T의 휴가 기간에 맞추다 보니 우리의 여행은 늘 한여름의 더위와 부산함을 고스란히 겪어야 했다. 그래도 같이 있는 게 어딘가. '친구와 어둠 속을 걷는 것이 혼자 빛 속을 걷는 것보다 낫다'는 헬렌 켈러의 명언은 나이 들면서 점점 진리로 다가왔다. 우리는 호흡마저 곤란한 실내 기온을 함께 감내하기로 했다. 다행히 사라고사 Zaragoza행 기차는 30분 일찍 도착했다. 고성능 에어컨이 달린 객실을 대동하고.

창밖의 풍경은 흡사 미국 유타주의 사막과 비슷하다. 허연 민둥산이 지평선과 나란히 한다. 키 작은 덤불들이 황갈색 벌판에 너부러진다. 스페인의 자연은 광활한 땅덩이만큼 다채롭다. 마드리드에서 3백 킬로미터 북동쪽. 자동차로 4시간쯤 걸릴 거리가 80분에 해결된다. 19세기가 낳은 문명의 이기, 기차의 위력이다. 마차의 시대에는 어땠을까. 고야가 마드리드와 사라고사를 오가던 그때.

역사 안 호텔에 여장을 풀고 저녁식사까지 마치자 노곤함이 밀려왔다. 그러나 새로운 이동은 설렘을 동반한다. 평소보다 몇 배의 에너지를 뿜어야 하는 여행자들이 기꺼이 버틸 수 있는 이유다. 밤이 되자 창문 너머로 도심의 불빛이 아른거린다. 중세시대 아라곤 제국의 수도였던 사라고사. 고야의 유년과 청년기가 스며든 이곳에서 나의 긴 하루가 끝나간다.

11

고야의 걸출한 작품들은 이미 마드리드에서 웬만큼 접했다. 그런데도 나는 사라고사에서의 하룻밤을 자청했다. 다음 여정의 길목이기도 하지만, '아라곤의 아들'로 불리는 고야의 원천이 궁금했다. 여기서 45킬로미터 떨어진 푸엔데토도스Fuendetodos 마을에는 그의 허름한 생가가 있다고 한다. 나는 망설임 끝에 교통의 불편을 핑계 삼아 건너뛰기로 했다. 위안이라면 고야가 세 살 때 가족 모두 사라고사로 이주했다는 점이다. 그렇다면 이 도시에는 무엇이 남겨졌을까. 그가 살았거나 일했거나 혹은 자주 가던 장소? 기대를 갖기에는 세월이 너무 많이 흘렀다. 숱한 전쟁과 자연재해를 거쳤을 테고 보전 개념도 허술했을 것이다. 그러나 겹겹의 시간들을 비웃듯 예외도 있다. 건물 벽에 단단히 새겨져 쉽사리 지워지지 않을 그 무언가가.

전면에는 드넓은 광장을, 뒤로는 에브로Ebro 강을 끼고 있다. 그 앞에 서면 한없이 움츠러드는 압도적 크기. 바로크의 호사와 네오무데하르의 섬세함을 지닌 눈부신 자태. 사라고사 시민들의 영적 은신처인 필라 성모 대성당Catedral-Basílica de Nuestra Señora del Pilar의 기초는 서기 40년, 성 야고보 사도의 환영에서 시작된다.

에브로 강가에서 복음을 선포하던 그의 앞에 홀연히 성모마리아가 발현한다. 그녀는 벽옥碧玉 기둥을 건네며 이곳에 성당을 지으라고 당부한다. 야고보 사도는 그 말씀에 따라 소박한 예배당을

지은 후 예루살렘으로 돌아가지만 안타깝게도 아그리파 왕에게 처형당한다.

당시에 세워진 첫 건물은 소멸되었다. 그러나 시민들은 성스러운 자리를 지켰다. 여러 건축 양식을 오가며 부침을 거듭한 성당은 1686년, 바로크의 휘장을 걸치고 다시 태어났다. 증축과 개축 공사는 19세기까지 이어졌고, 스페인 내전 때는 성당 위로 세 개의 폭탄이 떨어졌지만 모두 (기적처럼) 불발탄이었다. 할렐루야!

나는 성당 내부를 둘러본 후 고개부터 힘껏 젖혔다. 130미터 길이에 67미터 폭, 11개의 돔과 4개의 탑으로 이뤄진 이곳에서 과연 해낼 수 있을까. 복잡하게 얽힌 반원형의 볼트 천장은 바닥에서 최소한 30미터는 떨어져 있다. 그 안에 그림들이 빼곡하다. 육안으로는 식별조차 힘들다. 나는 사라고사에 온 이유를 되새기며 결의를 다졌다.

30분 후, 작은 성가대석에서 하나를 발견했다. 갈색과 누르스름한 톤으로 뒤덮인 〈신의 이름을 경배함〉이다. 군데군데 퇴색했지만 다분히 바로크적이다. 로마 여행에서 갓 돌아온 고야로서는 당연한 표출이다. 천사와 악사들, 향로를 든 복사와 합창단, 삼위일체의 상징인 삼각형. 이들이 명암의 경계선에서 강약의 리듬을 탄다. 이 그림으로 성당 참사회로부터 극찬을 받아낸 26세의 고야는 아라곤 귀족들에게 이름을 알린다.

나는 성모님의 은총을 받아 두 번째 프레스코도 곧 찾아냈다. 밑그림이 전시된 진열장 근처에서 비슷한 이미지가 보였다. 마드

35세의 고야가 완성한 천장화 <순교자들의 여왕>. 시원한 공간감과 단순한 구도가 돋보이지만 당시에는 제대로 된 평가를 받지 못했다.

리드에 거주하던 고야가 모처럼 고향의 부름을 받고 작업한 〈순교자들의 여왕〉이다. 멀리서 봐도 수려하다. 시원한 공간감과 단순한 구도 때문이다. 어쩌면 고야의 계산된 전략일 수도 있겠다.

큰 처남이자 화가였던 바이유 Francisco Bayeu는 성당 프로젝트를 수주하면서 고야에게도 일부를 맡겼다. 그러나 후배의 특출한 재능은 바이유의 심기를 건드렸다. 결국 성당 측과 합심해 고야의 그림을 폄하하며 수정을 요구했다. 이유는 '다듬어지지 않았음, 디테일이 없음'이었다. 높은 발판 위에 올라가 아주 가까이에서 그림을 본 바이유의 눈에는 그저 엉성하게 얼룩진, 안개가 자욱한 미완성품이었다. 그러나 고야는 알고 있었다. 저 천장화를 볼 사람들은 30미터 아래에 있다는 것을. 지금의 나처럼.

격분한 고야는 항의와 논쟁을 거듭했지만 결국 '약간의' 수정으로 타협을 끝냈다. 그러고는 뒤도 돌아보지 않고 쏜살같이 사라고사를 떠났다.

광장을 벗어났다. 태양의 뜨거운 무대는 골목 앞에서 막을 내렸다. 고야 박물관 Museo Goya이 그늘을 등지고 섰다. 외벽에 걸린 고야의 자화상은 근엄한 중년이다. 뭘 기대한 걸까. 앳된 얼굴을? 안뜰에서 잠시 주춤했다. 천창의 빛이 좋아서. 아늑해서. 16세기에 지어진 르네상스식 집이다. 물론 고야의 삶과는 관련 없다.

그의 청춘시대는 전시장에서 만날 수 있다. 생애 첫 자화상에

왼쪽 위 뛰어난 색채감이 돋보이는
<펠릭스 데 아사라의 초상>.

왼쪽 아래 16세기에 지어진 르네상스
양식의 고야 박물관 내부.

위 고야가 29세 때 그린 생애 첫 자화상.

서는 긴 머리를 어깨까지 내려뜨렸다. 눈빛은 맑고 자세는 곧다. 〈1808년 5월 2일〉의 예비 스케치는 흥미롭다. 흐릿한 형상 속에 힘이 도사린다. 대작의 전초전이다. 59세에 그린, 스페인 장교 펠릭스 데 아사라Félix de Azara의 초상화는 색채감의 절정이다. 노란색 승마바지와 검은색 겉옷과 빨간색 옷깃이 환상적 매치를 이룬다. 선배 화가에 대한 무한한 경의도 나타냈다. 벨라스케스가 그렸던 이솝Aesop: 고대 그리스의 우화작가과 메니푸스Menippus: 고대 그리스의 풍자 철학가의 초상화를 좀 작고 밝게 모사했다. 비판적인 판화 연작들의 일부도 두루 모였다. 〈로스 카프리초스〉〈전쟁의 참화〉〈투우 기술〉〈부조리〉 그리고 79세에 완성한 〈보르도의 황소〉까지.

"내게는 좋은 시력도, 단단한 손도, 펜도, 잉크도 없다네. 모든 것들이 나를 무기력하게 하지만 의지만큼은 펄펄 살아 있다네."
_{보르도에 머물던 고야가 지인 호아킨 페레Joaquin Maria de Ferrer: 스페인의 정치인에게 보낸 편지 중에서, 1825년 12월 20일.}

나는 늦은 오후, 사라고사를 떠났다. 기차가 카탈루냐Catalunya 땅을 향해 힘차게 달려갔다. 고야의 유령이 바람처럼 사라져갔다. 지로나Girona에 들어설 즈음에는 20세기의 한 괴팍한 천재가 쌓아올린 마법의 성으로 빨려 들어가고 있었다.

12

"이 모든 것들이 갈라Gala를 찬양합니다.

웅장한 성당의 돔이 그러하듯,

건물에 은총을 내리는 메아리가 모여서….

나는 우리의 사랑을 엄숙하게 전달하고 싶었답니다.

12세기의 오래된 성터에 건물을 올려

그녀에게 바치는 이유지요.

그녀는 여왕처럼 이곳을 통치할 겁니다.

나는 그녀로부터 공식 초대장이 있을 때만 방문하렵니다.

천장을 장식하는 것만으로도 행복하니까요.

그녀가 아침에 일어나 눈을 뜰 때마다

하늘(천장)에서 나를 발견하게 될 겁니다."

살바도르 달리Salvador Dali, 수필집 『살바도르 달리의 형언할 수 없는 고백들The Unspeakable Confessions of Salvador Dali』 중에서, 1976년.

여섯 살 때는 요리사가 꿈이었다. 일곱 살 때는 나폴레옹이 되고 싶었다. 열 살 때는 바닷가의 기암괴석을 보고 '지질의 거대한 정신착란'이라고 했다. 열두 살 때는 환등기에 투사된 형상에 심취했다. 열네 살 때는 고향 카탈루냐의 혁명을 기원했다. 열여섯 살 때는 성모상을 보고 저울을 연상했다. 열여덟 살 때는 무릎까지 오는 브리치스Breeches 바지에 스타킹을 신고 다녔다. 스무 살 무렵에는 아방가르드 그룹과 어울리며 현란한 콧수염을 길렀다. 스물두 살 때는 왕립 마드리드 예술학교에서 퇴학당했다. 스물네 살 때는 뒤틀리고 파편화된 이미지를 그림 속에 집어넣었다. 스물다섯 살 때는 친구 루이스 부뉴엘Luis Bunuel 감독과 부조리 영화 〈안달루시아의 개〉를 제작했다. 평범한 관객에게는 역겹다는 욕설을, 비범한 관객에게는 놀랍다는 칭찬을 받았다. 그리고 초현실주의 시인 폴 엘뤼아르Paul Éluard의 아내이며 10년 연상의 러시아 여인, 엘레나 이바노브나 디아코노바Elena Ivanovna Diakonova를 운명처럼 만났다. 이후 그녀를 '갈라'라는 애칭으로 불렀다. 스물일곱 살 때는 딱딱한 시계를 흐물흐물 녹아내리는 카망베르치즈처럼 그려놓고 〈기억의 지속〉이라 명했다. 무의식, 꿈, 기억에 집요하게 매달렸다. 서른 살 때는 우여곡절 끝에 갈라와 법적 부부가 되었다. 서른두 살 때는 런던 전시회에 잠수부 복장과 헬멧을 쓰고 나타났으며, 하마터면 질식사할 뻔했다. 그리고 미국 〈타임〉지의 표지인물이 되었다. 서른네 살 때는 자신의 영웅인 지그문트 프로이트를 만났다. 82세의 정신분석학자는 그의 첫인상에 대해 '광신자처럼 생겼다'고 했다. 서른여섯 살 때는 2차 세계대전을 피해 포르투갈에서 배를 잡아타고 뉴욕으로 갔다. 미국에 거주하던 8년간, 모든 예술분야에 전천후로 뛰어들며 편집증적 과대망상에 몰입했다. 또한 '나는 절대 미친 사람이 아니다'라고 역설했다. 불과 서른여덟 살 때는 자서전 『살바도르 달리의 비밀스런 삶The Secret Life of Salvador Dalí』을 펴냈다. 기억력이 대단했다. 마흔네 살 때는 카탈루냐로 돌아와 아내와 평안하게 지냈다. 이후 20여 년간은 이런 것들에 관심을 가졌다. 착시.

네거티브 스페이스Negative Space: 여백 안에 다른 이미지가 들어가 만들어지는 공간. 시각적 유희. 홀로그래피. 신비주의. 트롱프뢰유Trompe-l'œil: 실물로 착각하게 하는 그림. 수학. 종교. 미학 등등. 실험할 오브제는 지천으로 깔렸고 에너지는 심하게 솟구쳤다. 예순다섯 살 때는 지로나 외곽의 작은 마을, 푸볼Púbol의 낡은 성 하나를 구입해 제멋대로 꾸몄다. 그리고 선포했다. 사랑하는 아내 갈라에게 바치는 거라고. 오로지 그녀만을 위한 궁전이라고.

고양이 한 마리가 움푹 파인 돌계단에서 꾸벅꾸벅 존다. 거친 담벼락에는 드문드문 이끼가 솟았다. 내 예상에서 빗나갔다. 이 집의 명칭은 푸볼의 갈라 살바도르 달리의 성Castell Gala Salvador Dalí de Púbol. 그러니 성城, 캐슬Castle이 맞다. 달리가 그토록 원했던 진지하고 소박한 건물. 나의 선입관 때문이었다. 12세기 고성에 지었다 해도 외관에서부터 '나는 살바도르 달리다!'라고 외칠 것 같았다.

달리의 흔적을 직접 보는 게 처음이다. 1989년에 사망했으니, 20여 년은 나와 동시대, 같은 지구에서 숨을 쉬었던 사람이다. 이번 여정에서 만날 화가들 중 유일하게 20세기에 태어난 살바도르 달리. 그래서일까. 마당에는 1970년대에 발매된 주황색 닷선Datsun 자동차가 떡 버티고 있다. 모네가 증기기차에 마음을 빼앗겼듯, (비록 운전을 못 해 전용 기사를 두었지만) 달리에게 자동차는 황홀한 대상이었다.

안뜰에서 바라본 건물은 여전히 고전적이다. 구입 당시 절반이

달리의 손길로 새롭게 태어난 고성 안에는 독특한 천장화부터 낡은 화구, 즐겨 타던 자동차와 고풍스런 가구까지 흥미로운 오브제들이 가득하다.

Spain

손상된 중세의 성을 보며 달리 부부는 감사했다. 절반이 남아서, 주변의 낭만적인 풍경이 변치 않아서. 달리의 노력과 집중력은 건물 안에서 제대로 폭발했다. 성근 회벽의 질감을 놓치지 않았다. 반쯤 부서진 천장도 재치 있게 이용했다. 아치형 통로와 고딕식 여닫이 창문도 한식구로 받아들였다. 오래전 이 집에 살았던 남작 가문의 뼈대는 문장으로 되살렸다. 달리의 초현실적 감각은 그 사이에서 부조리하지만 오묘한, '따로 또 같이'의 기막힌 해법을 만들어냈다.

천사로 변신한 갈라의 조각이 구름을 평정한다. 둥근 천장에는 거룩한 프레스코를 가장한 해괴한 형상들이 떠다닌다. 신성한 단위에는 갈라의 옥좌가, 창가에는 손때 묻은 화구와 이젤이 놓였다. 침실과 거실에서는 붉은 캐노피 침대와 빅토리아 시대의 커튼, 로코코 풍의 촛대가 우아미를 자랑한다. 여기서 끝나면 재미가 없다. 앤티크에 일격을 가하듯 트롱프뢰유 기법의 문짝 그림이 떡하니 걸렸다. 하마터면 벽을 뚫고 나갈 뻔했다. 축 늘어진 허연 시계 조각이 옷걸이에 매달려 있다. 나무 서까래 아래로 울퉁불퉁한 돌벽이 보인다. 부엌은 이 집에서 가장 얌전하다. 여자의 공간이다.

나선형 계단을 다 내려오면 노란 등불이 아른거리는 지하 공간에 다다른다. 중앙에는 갈라의 석관이 놓였다. 부부가 나란히 묻힐 법하지만, 여기는 그녀만의 안식처다. 아내가 곁을 떠난 후 달리는 이 성에서 칩거했다. 여러 차례 자살 기도를 하다 결국 침실에 화재가 났고, 가까스로 구출되어 피게레스로 돌아갔다.

정원에서는 마을의 풍경이 훤히 내려다보인다. 연못에서는 졸졸 물소리가 난다. 꽃향기가 산뜻하다. 울창한 나무들이 숲을 이루고 이파리는 바람에 찰랑거린다. 자연은 스스로 광채를 낸다. 나는 자갈이 깔린 오솔길로 들어섰다. 느긋이 걸음을 떼려는 순간 이곳과 동떨어진 물체를 발견했다. 긴 황새 다리를 가진 늘씬한 몸매의 코끼리 조각이다. 나도 모르게 웃음이 터졌다. 아내를 그리워하며 쓸쓸히 거닐었을 남자의 뒷모습을 막 떠올리려던 참이었다. 달리의 호쾌한 한 방이었다.

지하에 안치된 갈라의 무덤.

13

카탈루냐에는 '달리의 트라이앵글El Triangle Dalinià'이라 불리는 지역이 있다. 살아생전 성공을 하고 재력을 갖추고 열정이 넘치고, 게다가 장수까지 한 화가는 고향땅에 자신의 존재를 굳세게 각인시켰다. 푸볼, 포르트리갓Portlligat, 피게레스Figueres. 지도에서 세 곳을 연결하면 약간 비뚤어진 삼각형 모양이 된다. 그중 바닷가에 위치한 포르트리갓은 푸볼에서 불과 60킬로미터 거리지만 자동차로 닿는 데는 2시간 가까이 걸렸다. 외부와의 연결 도로는 딱 하나. 구불구불한 산길을 멀미 나도록 달리고 나면 반도에 걸쳐진 고립된 어촌이 등장한다. 달리 부부가 50여 년간 살고 일했던 유일한 거주지. 현재는 살바도르 달리의 하우스 뮤지엄Casa-Museu Salvador Dalí으로 바뀌었다.

   1930년, 26세의 달리는 집을 찾아다녔다. 어릴 적 가족과 여름을 지내곤 했던 카다케스Cadaqués 근처의 포르트리갓 마을까지 갔

다. 그곳에서 어부의 낡은 오두막을 발견했다. 낚시용품을 보관하던 창고는 그의 마음을 대번에 사로잡았고, 집값을 지불하기 위해 제작 중이던 그림의 선불을 받아내야만 했다. 드디어 손에 들어온 첫 집. 무너진 지붕을 올리고 벽을 새로 칠했다. 바닥을 손질하고 세간을 들여놨다. 자서전 『살바도르 달리의 비밀스런 삶』에서 묘사했듯, '식당이자 침실이며 작업실이자 로비로 사용되는 한 칸짜리 방. 겨우 몸을 쑤셔 넣을 정도의 협소한 욕실과 부엌. 작고 또 작고 자궁보다도 작은, 그러면서 좋은 집'이었다. 비록 개미굴 같았지만 문만 열면 지중해가 한가득 보였다. 풍경 감상에는 돈이 들지 않았다.

    달리와 갈라는 40년에 걸쳐 옆의 오두막 세 채를 더 구입해 하나로 엮었다. 조그만 방들이 모여 세트를 구성했다. 그때그때 늘리고 개조하는 바람에 잘 짜인 평면 대신 들쑥날쑥한 자투리 공간들이 생겼다. 불완전하지만 매력이 넘쳤다. 아이디어가 풀풀 솟아났다. 외진 지리적 특성은 부부에게 고요한 평화를 주었다. 달리는 이 집을 가리켜 '진정한 생물학적 구조'라 했다. 각 방은 삶의 각기 다른 맥박을 지닌다고 믿었다. 현실과 숭고함이 만나는 곳. 그에게는 세상에 하나뿐인 독창적이고도 신비한 행성과 같았다.

    미궁이다. 동선이 복잡하다. 그래서 직원 입회하에만 가능하다. 한 번에 10명씩, 10분 간격으로 예약을 받는다. 한바탕 폭우가 내린 직후, 빗물을 뒤집어쓴 관광객들이 집 앞에 모였다. 거창한 대

어부의 작은 오두막집에서 시작된 달리의 이 집은 그가 일상적으로 살고 작업했던 유일한 거주지다. 40년간 계속 확장, 개조하며 만들어진 탓에 미로 같은 공간이 탄생되었다. 그 사이사이 달리의 유품과 오브제들, 가구와 장식품들이 들어차면서 독특한 멋을 만들어냈다.

Spain

문이나 울타리는 없다. 모래사장과 돌바닥의 경계쯤에 있는 얄팍한 계단이 입구이자 출구다. 안내를 맡은 남자가 3개 언어(스페인어, 프랑스어, 영어)를 동시다발적으로 내뱉으며 손님들을 안으로 모신다. 일단 내부로 들어가면 방의 위치나 구조에 대해서는 잊어야 한다. 어디가 어딘지 알 필요도 없다. 앞서거니 뒤서거니 서로의 몸이 부딪쳐도 개의치 않는다. 달리의 집인데, 이 정도는 감수해야지.

　치렁치렁 장신구를 두른 박제 곰. 영국 시인 에드워드 제임스 Edward James의 선물이다. 꺼칠꺼칠한 회벽. 마른 꽃과 벽난로. 고풍스런 촛대와 안락의자. 책마저 오브제가 된 서가. 빠듯한 통로. 나직한 층간. 고리처럼 이어진 방들. 숨겨진 복도. 은밀한 다락방. 체스 무늬 바닥. 해안 풍경을 고스란히 담은 창문. 어질어질한 나선형 계단. 밀레의 〈만종〉 복제품. 계단참에 놓인 악기와 램프. 그리스 조각상에 걸쳐진 샤워기. 나무 캔버스에 그려진 여인의 누드. 이 동네에서 살다가 죽은 백조의 박제. 벨벳 가구. 색동천의 천장과 벽. 인간의 두상 조각과 동물의 뼈. 대형 새장과 초소형 새장. 퍼포먼스용 피아노. 온갖 기념사진들. 피카소와 마리아 칼라스와 샤넬 그리고 달리 부부의 사진들. 붉은 커튼. 노란 방. 분홍 소파. 파란 테이블보. 간소한 욕실. 화려한 침실. 지중해풍의 올리브 정원. 한껏 넘쳐 나는 오브제와 장식들. 굽어지고 휘어지고 들어가고 나오고 올라가고 내려가는 공간들.

"1953년 9월 6일. 포르트리갓.

매일 아침, 잠에서 깰 때면 난 숭고한 영혼의 기쁨을 느낀다. 오늘에야 비로소 기쁨의 정체를 알았다. 그건 바로, 내가 살바도르 달리이기 때문이다. 난 스스로에게 묻는다. 어떤 황홀한 날을 살바도르 달리의 날로 정하면 좋을까. 갈라나 달리가 아닌 사람들은 대체 어떻게 살아갈 수 있을까. 정말 궁금하다."

_{달리, 수필집 『천재의 일기Diary of a Genius』 중에서, 1963년.}

이토록 자신의 삶에 만족한 이가 있을까. 이토록 자신을 사랑한 이가 또 있을까. 그러나 아침마다 누렸던 숭고한 영혼의 기쁨은 아내의 사망일인 1982년 6월 10일에 끝났다. 평생의 반려자가 곁을 떠난 후 심각한 무기력에 시달린 달리는 푸볼의 성으로 들어갔고, 죽는 날까지 다시는 이곳에 발을 들여놓지 않았다.

14

호텔 접수구의 남자가 열쇠를 건네며 말한다.

"발코니가 있는 방이랍니다. 옥상에도 가보세요. 전망이 아주 좋습니다."

로비에는 노후한 황토색 소파가 덩그러니 놓였다. 벽과 천장에는 총천연색 그림들이 무질서하게 들어찼다. 비좁은 엘리베이터에 두 사람과 두 개의 캐리어가 간신히 실린다. 덜커덩. 객실은 아담하다. 침대 쪽 벽에는 코끼리 조각이 앙증맞게 걸렸다. 취침 중에 내 머리 위로 떨어질 리는 없겠지. 달리의 그림 포스터가 제법 그럴듯하다. 그래, 발코니. 창문을 확 젖히자 겨우 두 발이 들어설 정도의 공간이 보인다. 그나마 우스꽝스런 피에로 설치물이 반쯤 차지했다. 어쨌든 재밌는 곳이다.

"여기서 이틀 밤을 잔다고?" T가 불쑥 내뱉는다. 서로의 동선이 겹치지 않도록 조심스레 몸을 웅크리며 움직이던 중이었다. 나는 고개를 끄덕이며 말했다. "대충 짐 풀고 나가보죠."

호텔을 나온 우리는 맞은편 가게에서 샌드위치를 사와 저녁식사를 끝냈다. 지로나에서 하룻밤을 자고 푸볼과 포르트리갓을 거쳐 도착한, 달리 루트의 종착역. 도시와 마을의 중간쯤에 있는 피게레스. 아직은 잘 모르겠다. 호텔 앞은 한산하다. 달리를 느낄 수 있는 건 방 안의 포스터 한 장뿐. 그때 옥상을 떠올린 건 T였다. 잠시 후, 나는 건물들 저편 너머로 대형 유리 원구 하나를 발견했다.

피게레스의 전경. 왼쪽에 보이는 대형 원구가 바로 달리의 극장박물관 꼭대기에 설치된, '지오데식' 공법의 구조물이다.

드넓은 허공에 불쑥 솟아난 요상한 구조물이었다. 이 호텔을 잡은 딱 하나의 이유가 분명해졌다.

Spain

15

피게레스는 달리가 태어난 곳이다. 가족과 함께 살고 친구들을 사귄 곳이다. 데생을 배우고 첫 전시회를 연 곳이다. 그리고 달리의 무덤이 있는 곳이다. 피게레스 최고의 자랑거리인 달리 극장박물관 Teatre-Museu Dalí은 살바도르 달리 그 자체다.

충격적인 외관이다. 거리의 한 블록을 완전히 장악해버렸다. 탈시대적 탈 장르적 건축물이다. 어긋난 요소들이 모여서 만든 희한한 화음. 그런데 근사하다. 다홍빛 벽면과 원통 구조물은 무어인들의 성곽을 닮았다. 촘촘히 박힌 빵 모양의 회반죽 덩어리가 옷에 달린 스팽글과 비슷하다. 난간에 설치된 (자궁과 태아를 상징한다는) 초대형 달걀이 이들의 균형을 화통하게 깨버린다. 그래서 유머러스하다. 육중하지만 동화 같다.

1960년대 초, 피게레스의 시장은 달리에게 작품 기증에 대해 넌지시 물었다. 그는 주저 없이 답했다. 아예 박물관을 통째로 선사하겠다고.

"시립극장이나 그 터에 나의 박물관이 세워진다면 매우 바람직할 것이다. 세 가지 이유를 들 수 있다. 첫째, 나는 매우 뛰어난 연극적 화가다. 둘째, 이곳은 내가 세례를 받은 성당 맞은편에 있다. 셋째, 여기서 나의 첫 개인전이 열렸었다."

1969년, 달리의 염원대로 피게레스 시립극장은 남루한 옷을 벗고 새 단장에 들어갔다. 스페인 내전 때 화재로 대부분 소멸됐지만 일흔을 앞둔 '피게레스의 자랑스러운 아들'은 남은 부분에 철골을 올리고 색을 입히며 혼신을 다했다. 건물 꼭대기에는 피게레스 시가 오래오래 지켜갈 귀중한 상징물이 생겼다. 어젯밤 호텔 옥상에서 본 둥근 지붕, 일명 '지오데식 Geodesic: 수많은 삼각형의 면과 모서리들이 격자형으로 꽉 물린 구조' 공법의 돔이다. 달리의 디자인을 토대로 스페인 건축가 에밀리오 피네로 Emilio Piñero가 제작했다.

1974년 9월 28일, 달리 극장박물관이 드디어 문을 열었다. 예술가가 직접 만들고 자신의 이름을 내건, 참으로 희귀한 단독 박물관이다. 매혹적인 스펙터클 쇼가 기다리는 첫 관문. 웅성웅성. 두리번두리번. 들어서는 순간 관객들은 이미 넋을 잃고 만다.

#1

장소: 중앙 안뜰

요새처럼 쌓아올린 벽돌담. 두 팔 벌린 마네킹들의 환영 인사. 설치물 〈카 네이벌, 비 내리는 택시 Car Naval, Rainy Taxi〉. 전설적인 마피아 두목 알 카포네의 소유로 추정되는 1941년산 캐딜락 자동차. 동전을 넣으면 차 안에 비가 내린다. 오스트리아 조각가가 만든 에스테르 왕비 구약성서에 등장하는 인물로, 이스라엘과 유대백성을 모함에서 구한 성녀의 청동조각상. 여기서는 우람한 체격이다. 공중에 떠 있는 갈라의 보트 Gala's Boat. 주렁주렁 매달린 콘돔들은 눈물을 상징한다.

감상평: 예고편부터 화끈하다.

#2

장소: 로비

무지막지한 통유리와 더 무지막지하게 높은 천장. 벽 한 면을 두둑이 채운 〈미궁의 커튼 세트를 위한 디자인 I〉 확대판. 인체의 상반신 조각이 거인의 비율로 땅에 얹혀졌다. 정수리는 금이 가고 가슴에는 나무줄기가 솟았다. 배경은 음산한 바위들과 푸르죽죽한 하늘. 달리의 꿈속에서 튀어나온 걸까. 홀로그램 〈바다를 바라보는 누드의 갈라〉. 링컨 대통령 면상에 갈라의 벗은 뒷모습이 겹쳐진다. 18미터 떨어져서 봐야 링컨의 얼굴이 드러난다(달리의 계산). 〈환각을 일으키는 투우사〉에서는 비너스의 가슴이 투우사의 코가 된다. 그림 끄트머리에 보일락 말락 한 두 인물. 성스러운 여인과 맨발의 소년. 영락없는 갈라와 달리다.

    감상평: 모두모두 즐겨요, 초현실 놀이터.

#3

장소: 로비 뒤쪽, 보물의 방

붉은 벨벳 벽을 배경으로 달리의 기기묘묘한 회화 원작들이 모였다. 스파르타 신화의 레다 여왕과 2차 세계대전 때 히로시마에 투하된 원자폭탄을 혼합한 〈레다 아토미카〉. 황금비율과 수학적 계산을 반영한 치밀한 구도로, 달리의 '원자시대'를 알린다. 〈세 개로 복제되는 자화상〉은 입체파에 빠져든 초기작. 초현실의 길목에서 공간 해체와 다중시점을 휘둘렀다. 사실적 정물화인 〈빵 바구니〉

의 부제는 '수치심보다 죽음'. 식탁보 없는 식탁 가장자리에는 먹다 만 빵 한 조각이 놓였다. 달리의 설명을 빌리자면, '전쟁이 끝나기 하루 전에 일어난 현대사의 가장 비틀리고 충격적인 에피소드, 히틀러의 자살'을 의미한다. 사실적인 초상화 〈갈라리나〉에서 한쪽 가슴을 드러낸 갈라. 달리가 말했다. '갈라는 내게, 라파엘로의 라 포르나리나La Fornarina: 라파엘로의 모델이자 연인와도 같다'고. 그의 아내 예찬은 끝이 없다.

    감상평: 살바도르 달리는 진정, 화가다.

#4

장소: 1층 첫 번째 방

20세기 초 미국의 배우이자 섹스 심벌이었던 메이 웨스트Mae West의 방. 제목은 〈아파트로 사용할 수 있는 메이 웨스트의 얼굴〉이다. 그녀의 얼굴을 보려면 몇 단계를 거쳐야 한다. 우선 거실에 놓인 빨간 입술 모양의 소파와 구멍 두 개짜리 노란 벽난로, 똑같은 크기의 직사각형 액자 두 개, 북슬북슬한 황금색 털실 기둥을 유심히 기억해둔다. 그다음 뒤편의 침침한 계단을 오른 후 정면을 똑바로 바라본다. 원형 거울로 보면 더 끝내준다. 이제 달리의 마법에 빠질 때다. 털 기둥은 금발머리, 두 액자는 두 눈, 벽난로는 코, 소파는 입술이 되어 메이 웨스트의 섹시한 얼굴로 돌변한다.

    감상평: 허걱!

#5

장소: 1층 두 번째 방

〈바람의 궁전 천장화〉에서 삶의 항해를 떠나는 달리와 갈라. 몽환적이고 목가적인 풍경 속에 두 사람의 넓적한 발바닥이 적나라하게 드러난다. 미켈란젤로의 시스티나 예배당 천장화가 초현실의 외투를 걸친 듯. 〈서랍이 달린 밀로의 비너스〉는 프로이트의 사상을 시각적으로 구상한 조각. 우리 몸에는 정신분석학자만이 열어볼 수 있는 비밀의 서랍이 그득하다는데, 달리는 비너스의 영혼부터 궁금했나 보다.

   감상평: 고전을 뒤흔든 달리의 배짱.

#6

장소: 지하

아내를 잃고 피게레스로 돌아온 달리. 화상과 심부전증에 시달렸지만, 생애 마지막 5년을 극장박물관에서 지내며 '마법의 성'을 지킨다. 1989년 1월 23일 아침, 자신의 음악적 우상인 바그너의 오페라 〈트리스탄과 이졸데〉를 들으며 84년의 생을 마친다. 그의 시신은 박물관 지하에 안치되었다. 석관은 없다. 벽에 붙은 평범한 비문이 전부다.

   방과 복도, 통로와 계단참, 천장과 벽까지, 건물 구석구석이 모두 전시장이다. 회화, 조각, 공예, 설치미술, 홀로그램, 태피스트리,

피게레스에서 84세로 세상을 떠난 달리의 무덤. 석관도 없이 벽에 붙은 비문이 전부다.

판화, 드로잉, 가구, 사진과 보석까지 약 1만 5천여 점의 예술작품들이 폭풍처럼 몰아쳤다. 달리의 극장박물관은 지구상에 존재하는 가장 큰 단일의 초현실적 오브제다. 예술의 백화점이자 지적인 연회장이다. 사람들은 그곳에서 한바탕 꿈의 잔치를 즐긴다. 20세기를 신나게 살다간 위대한 천재, 그의 기상천외한 놀이는 여전히 현재진행형이다.

16

낮 동안 달아올랐던 콘크리트 바닥이 조금 가라앉았다. 저녁나절, 우리는 동네 산책에 나섰다. 달리가 세례를 받은 산트 페레 성당 Església de Sant Pere을 지나 람블라Rambla 거리로 들어서자 아담한 공원과 광장이 나타났다. 박물관에서 서너 블록 떨어진 이곳은 주민들의 터전이다. 그 한가운데에 스테인리스스틸 원형 기둥이 비스듬히 서 있다. 바닥에는 가로로 한껏 늘려진 왜곡된 얼굴이 그려졌다. 그런데 기둥에 비친 모습은 우리가 아는 콧수염의 남자, 살바도르 달리의 정상적인 얼굴이다. 일종의 볼록거울 효과다. 2004년, 피게레스 시가 설치한 '달리의 얼굴La Cara d'en Dalí'. 그 엉뚱함이 참으로 달리와 닮았다.

광장 근처의 몬투리올 거리Carrer Monturiol 6번지. 4층짜리 건물에 달리 가족을 찍은 대형 흑백사진들이 걸렸다. 1904년 5월 11일 오전 8시 45분, 중산층 가정에서 출생한 살바도르 달리의 생가Casa Natal de Salvador Dalí다. 급진적인 부친과 예술적 성향을 지닌 모친 덕에 달리는 일찌감치 자유로운 사상에 젖을 수 있었다. 때로는 변덕이 심하고 흥분도 잘하고 짓궂은 장난을 좋아했지만, 감수성은 남달랐다. 십 대 때 이미 스스로를 천재라고 믿었던 소년. 그의 불가사의한 감각기관은 일상에서 스치듯 지나가는 순간도 허투루 여기지 않았다.

왼쪽 달리가 세례를 받은 산트 페레 성당. 11세기에 처음 세워져 수세기 동안 증축과 개축을 거듭해온 로마네스크, 고딕 양식의 건축물이다.

오른쪽 피게레스가 낳은 자랑스러운 예술가, 달리를 기념하며 만들어진 설치물 <달리의 얼굴>. 스테인리스스틸 원형 기둥이 볼록거울 역할을 한다.

Spain

1904년 5월 11일에 출생한 달리의 생가. 달리의 아버지는 중산층의 법조인이었으며 진취적인 어머니는 달리에게 예술가적 기질을 북돋아줬다. 달리 가족은 이 집에서 1900년부터 1912년까지 거주했으며, 이곳에서 달리를 포함한 세 아이가 태어났다.

"나는, (열여섯 살이었던) 어느 비 오는 10월의 저녁을 항상 기억한다. 계단을 막 내려가던 중이었다. 마당에서는 땅의 습기와 장미향이 뒤섞인, 진한 냄새가 풍겨왔다. 석양으로 붉게 물든 하늘은 사나운 표범과 나폴레옹과 돛배 그리고 모든 헝클어진 형태 속에서 웅대한 구름과 덩어리를 이뤘다. 수천 개의 신성한 불빛들이 얼굴 위를 비쳤다. 나는 한 발짝씩 신중히 계단을 내려갔다. 갑자기 움직이면 극도의 고요함이 마치 포효하는 회오리바람처럼 될까 봐. 나는 그 순간, 하느님 곁에서 꼼짝할 수가 없었다."

<small>달리, 자서전 『살바도르 달리의 비밀스런 삶』 중에서. 1942년.</small>

달리는 당당하게 써내려간 자서전의 에필로그에서 불완전한 인간의 모습을 보이기도 했다. '천국은 무엇인가. 어디서 찾을 수 있는가. 천국은 위아래, 오른쪽 왼쪽 어디에도 없다. 천국은 신념을 가진 사람의 가슴 한복판에 있다.' 그리고 맨 마지막 페이지의 서명 위에 이런 사족을 달았다. '나는 이 순간 신념이 없다. 천국 없이 죽을까 봐 두렵다'고. 자서전을 냈던 38세 이후, 달리는 신념을 가졌을까. 그래서 자신의 심장 안에 확실한 천국을 심어놨을까.

우리는 동네 주변을 이리저리 걸었다. 비가 오려는지 하늘이 험상궂다.

"내일 이동하려면 날씨가 좋아야 할 텐데…." T의 목소리가 들려왔다. 이만하면 괜찮은 하루였다. 아니, 꽤 근사했다. 여행할 수 있어서. 보고 싶은 걸 볼 수 있어서. 잘 걸을 수 있어서. 그리고 동행자가 있어서. 어쩌면 내게는, 이게 천국일 수도 있겠다.

Spain

France

콜리우르 Collioure
아를 Arles
레 보드프로방스 Les Baux-de-Provence
생레미드프로방스 Saint-Rémy-de-Provence
엑상프로방스 Aix-en-Provence
칸 Cannes
발로리스 Vallauris
무쟁 Mougins
니스 Nice

등장 인물

앙리 마티스 Henri Matisse, 1869~1954
피카소와 함께 20세기 시각예술의 지침을 만든 화가. 1900년대에는 강렬한 색채의 야수파 미술을 선도했으며 이후, 단순한 형태와 장식적인 패턴을 강조한 회화 양식을 발전시켜 나갔다. 말년에는 로사리오 예배당의 장식부터 의복까지 모든 부분을 직접 제작했으며, 회화의 새로운 혁명인 '종이 오리기' 기법을 창조하기도 했다.

빈센트 반 고흐 Vincent van Gogh, 1853~1890
후기 인상파 화가. 초기에는 거친 붓 자국과 어두운 채색 기법을 사용했지만, 남프랑스로 이주한 후에는 밝고 강렬한 색감과 화려한 붓놀림으로 특유의 화법을 구축했다. 10여 년간 2천여 점의 작품을 남겼을 만큼 열정적인 작업을 펼쳤지만 생존 기간 동안 단 1점만 팔렸다. 사후에 인정받기 시작하면서 금세기 가장 위대한 화가 중의 한 사람으로 꼽혔다.

폴 세잔 Paul Cézanne, 1839~1906
후기 인상파의 대표 화가로 20세기를 여는 '근대미술의 아버지'로 불린다. 회화에 대한 부단한 연구와 노력으로 정형화된 틀을 깨고 혁신적인 시도를 이어갔다. 거친 붓 터치, 다중시선, 형태의 해체, 원근법의 새로운 접근과 파격적인 구도는 입체파와 추상 화가들에게 초석을 마련했으며 특히 피카소에게는 '우리 모두의 아버지'라 불렸다.

파블로 피카소 Pablo Picasso, 1881~1973
20세기 가장 영향력 있는 예술가 중 한 사람으로 꼽힌다. 다중시점과 공간 해체, 기하학적인 구도를 통해 혁신적인 화법을 보여준 입체파 운동의 개척자. 평생 새로운 기법과 자유로운 표현을 시도했다. 또한 평면적 회화에 이질적인 오브제들을 접목해 입체적인 질감을 나타냈으며 조각과 도자기를 통해서도 자신의 예술 세계를 확장해갔다.

마르크 샤갈 Marc Chagall, 1887~1985
유대계 러시아인이지만 생애 대부분을 프랑스에서 살며 프랑스 국적을 취득했다. 주로 고향의 그리움과 성서 이야기, 영원한 사랑을 화폭에 담았다. 전통적 회화의 기본보다는 자신의 감성에 충실했으며 몽환적인 형태와 색채로 특유의 세계를 펼쳤다. 말년에는 스테인드글라스와 모자이크, 태피스트리 작업에 몰두했다.

17

장대비가 내린다. 굵은 빗방울이 기차 유리창에 부딪치며 빗살무늬를 남긴다. 누르스름한 벌판이 휙휙 지나간다. 창밖을 물끄러미 바라보고 있을 때 휴대전화 진동이 울렸다. 외교부에서 보낸 국가안전정보 문자메시지다. 나는 지금 국경을 넘고 있다. 스페인의 피게레스를 출발한 지 20분 후, 기차는 프랑스의 페르피냥Perpignan 역에 도착했다.

1시간 후 기차를 갈아타고 다음 목적지까지 20분만 더 가면 된다. 아주 간단하다. 나는 여유롭게 커피 한 잔을 마신 후, 플랫폼 번호를 확인하기 위해 안내 모니터를 쳐다봤다. 근데 어찌 된 일인지 우리가 타야 할 구간의 시간표가 아예 사라져버렸다. 주변에는 이 돌발사태에 대해 당황한 승객들이 하나도 보이지 않는다. 나는 소통이 가능한 직원을 겨우 찾아내 대화를 시도했다.

"기차가 지연됐나요?"

"네."

"왜 그런가요? 얼마나 기다려야 하죠?"

"잘 몰라요. 1시간 후? 혹은 3시간 후? 아니면 저녁에?"

"네?"

"오늘 아예 없을지도 몰라요. 원래 그래요."

예매한 기차표 환불에 대해서는 서로 관심이 없었다. 1인당 1유로짜리였다. 이제 빗줄기는 우박으로 둔갑했다. 기온은 쭉쭉 내려가더니 초겨울 날씨가 되었다. 이동 많은 여정을 고려해 기내용 캐리어 두 개로 끝낸 우리는 방한복까지 준비할 여유가 없었다. 게다가 한여름 아닌가. 옷들을 겹겹이 껴입고 대책 마련에 들어갔다. 여기서부터 바다 쪽으로 40킬로미터라 했다. 휴대전화를 한참 들여다보던 T가 솔깃한 제안을 한다. "우버 택시를 불러보자고. 가격은 50유로쯤 한다는데. 그만하면 괜찮지." 등록만 했을 뿐 한 번도 사용한 적 없는 서비스였다. 예약을 한 후 매몰찬 비바람을 맞으며 한참을 두리번거렸을 때 자동차 한 대가 비상등을 켜고 다가왔다. 고맙다는 말을 여러 차례 건네자 젊은 남자가 싱글거리며 말했다.

"툴루즈에서 휴가차 집에 왔다가 막 떠나려는데 연락을 받았어요. 저 아니었으면 이 동네에서 우버 부르기 어려우셨을 겁니다. 운이 좋으세요!"

기차가 무한정 연기됐으니 운이 없는 건지, 아니면 저 남자가 지금 여기에 있어서 운이 좋은 건지. 2유로가 50유로로 뛰고, 페르피냑에서 3시간을 소비했지만, 어쨌든 됐다. 얼마 후 거짓말처럼 날씨가 변해갔다. 빗방울이 잦아들고 구름이 옅어지더니 푸른 하늘이 비집고 나왔다. 산길을 돌고 벌판을 지나자 훤한 수평선도 제 본분을 다했다.

"콜리우르Collioure에 다 왔습니다. 저쪽 골목 안으로 들어가면 호텔이 보일 겁니다. 휴가 잘 보내세요."

나는 땅바닥에 짐을 내려놓고 주변을 살폈다. 스페인과의 접경지대에 위치한 지중해 마을. 거주민인지 관광객인지 구분이 안 되는 사람들. 오밀조밀한 가게와 식당들. 뻥 뚫린 시야와 알찬 햇살. 어렵사리 도착한 이곳이 내 심장을 콩닥거리게 한다. 백여 년 전, 파리를 떠나 남프랑스 끝자락으로 향했던 서른여섯 살의 앙리 마티스Henri Matisse. 그가 기대한 것도 바로 저 눈부시도록 청청한 기운이었을까.

18

앙리 마티스는 1869년 프랑스 북부, 르 카토캉브레지Le Cateau-Cambrésis에서 부유한 곡물 상인의 맏이로 태어났다. 아버지 뜻에 따라 파리에서 법률 공부를 마치고 귀향해 법원 관리관으로 일했다. 그러던 중 맹장염에 걸려 수술을 받았고, 어머니는 회복 중인 아들에게 소일거리로 미술도구를 사다줬다. 신세계를 접한 마티스는 흥분을 가라앉힐 수가 없었다. 다시 직장에 나갔지만 출근 전에 데생 수업을 듣고, 점심시간에도 가고, 퇴근 후에는 집에서 밤새도록 그렸다. 지성이면 감천이라고, 거세게 반대를 하던 아버지는 그림에 홀딱 빠진 아들에게 마지못해 허락을 내렸다. 파리에 가라. 그림을 배워라. 그러나 곧 굶어 죽을 것이다.

파리에서 마티스는 상징주의 운동의 선구자인 귀스타브 모로 Gustave Moreau의 화실에서 수학했다. 세기말 선각자의 특별한 교수법은 청년 마티스를 변화시켰다. 대상의 실제가 아닌, 내면을 들여다보라고 했다. 고전을 배우되 자신의 스타일을 찾으라고 했다. 1895년, 모로의 영향을 듬뿍 받은 마티스는 드디어 미술학도의 요람, 에콜 데 보자르École des Beaux-Arts에 입학했다. 그러나 50여 년 전 마네가 저항했듯, 그 역시 정통과 전통의 울타리에 곧 싫증을 냈다.

2년 후 마티스는 결혼을 했다. 그즈음 반 고흐의 드로잉을 접하고, 평생 자신의 롤 모델이 될 세잔의 전시를 봤다. 신인상파의 구도와 색채는 경이로웠다. 화실이 아닌 밖으로 뛰쳐나가고 싶었다.

앙리 마티스 1869~1954

Henri Matisse

◆ "예술가는 자연을 소유해야 한다. 그 리듬과 하나가 되어야 한다. 그러기 위해서는 자신만의 언어 속에서 스스로를 표현할 수 있는 대가의 자질을 갖도록 노력해야 한다."

이제는 '내 것'을 찾아야 했다. 굳게 의지를 다지며 꿈을 키웠지만 연이어 두 아들이 태어났다. 바야흐로 식솔을 챙겨야 하는 가장이 되었다.

현실은 녹록지 않았다. 국립미술협회에 내려던 출품작이 거부되면서 일거리가 끊겼다. 아버지는 경제적 도움을 줄 수 없다고 으름장을 놨다. 그렇다고 멈출 수도 없는 일. 마티스는 무조건 파리를 벗어날 작정으로 지중해 연안의 생트로페 Saint-Tropez로 갔다. 그곳에는 점묘법으로 유명한 폴 시냐크 Paul Signac가 머물고 있었다. 마티스가 여름 내내 매달리며 완성한 〈사치, 고요, 쾌락〉은 파리 화단의 엇갈린 평가 속에서 나름의 주목을 받았다. 그러나 정작 자신은 만족하지 못했다. 다른 출구가 필요했다. 더 순수하고 원시적인 무언가.

마티스는 파리를 떠났다. 아내와 어린 두 아들을 이끌고 스페인 국경과 맞닿은 남쪽 오지로 향했다. 1905년 5월 16일 콜리우르, 새로움에 목말랐던 한 절박한 화가가 진지한 표정으로 마을 여인숙의 문을 두드렸다. 그리고 이날은 서양미술사에 길이 남을 역사적 하루가 되었다. 야수파 Fauvism의 서막이 조용히 열린 것이다.

늦은 점심식사를 끝낸 우리는 관광안내소와 '야수파의 집 La Maison du Fauvisme'에 들러 정보를 구했다. 기온은 점점 올라가고 하늘은 깨끗해졌다. 미술 탐험을 위한 최적의 조건이 갖춰졌다. 지도에는 총 아홉 지점이 표시되었다. 첫 그림은 식당 근처의 울퉁불퉁한

성벽에 붙어 있었다. 이른 아침의 해안가를 그린 순순한 풍경화다. 마티스에게 '야수'의 발톱이 살짝 드러나려다 만, 의혹과 갈등의 초기 작품이다.

해안을 따라 마을을 돌았다. 산등성 밑으로 하얀 집들이 군락을 이룬다. 모래사장 끝에는 녹슨 등대가, 작은 만灣 너머에는 큰 십자가가 세워졌다. 파도는 바위와 부딪치며 흰 거품을 토해낸다. 칙칙한 성곽과 방파제 곁에서 바닷물이 출렁인다. 안내판들은 낡은 벽 틈새에서 툭툭 튀어나왔다. 친구의 부름을 받고 흔쾌히 합류한 앙드레 드랭André Derain의 그림도 있다.

총천연색 고기잡이배. 새빨간 성곽. 샛노란 돛단배. 열정의 보색. 작열하는 등대. 춤추는 바다. 넘실대는 물살. 시퍼런 수면. 주홍색 들판. 기하학적인 선과 비틀어진 원근법. 다이너마이트처럼 폭발하는 색, 색, 색. 그들의 캔버스가 후끈 달아올랐다. 웅크리던 본능이 쑥쑥 터져 나왔다. 뭉뚱그려지고 펀펀하고 녹아내린 구도 속에서.

언덕 위 골목은 원색으로 뒤덮였다. 창문 덮개와 발코니와 지붕과 굴뚝. 담벼락과 문틀과 탁자와 화초까지. 두 화가도 바다가 내려다보이는 이곳에 이젤을 폈다. 마티스는 빨강과 보라의 〈콜리우르의 지붕들〉을, 드랭은 주홍과 파랑의 〈마을과 바다〉를 그렸다. 디테일은 무너지고 입체감은 무시되었다. 대신 색이 들어섰다. 긴 망설임과 고민 끝에 찾아낸 그들만의 화풍. 그건 바로 용기의 대가였다.

마티스가 콜리우르에 머물며 그린 <콜리우르의 열린 창문>. 야수파 특유의 원색적인 색감이 캔버스를 채웠다.

콜리우르 곳곳에는 마티스와 드랭의 작품 안내판들이 걸려 있다. 마티스가 머물던 아파트 건물(오른쪽)도 그대로 남아 화가의 흔적을 엿볼 수 있게 한다.

France

1905년 9월, 마티스는 파리로 돌아왔다. 그의 손에는 여름의 수확물인 30점의 회화, 20점의 드로잉, 50점의 스케치가 들려 있었다. 마티스가 이끄는, 소위 '대담무쌍한 색깔로 무장된' 젊은 집단은 가을 살롱전Salon d'Automne: 보수적인 파리 살롱전에 맞서 1903년에 신설된 정기 미술전에 작품을 냈다. 결과는 놀라운 미술 스캔들로 이어졌다. 그들의 도발적인 그림들은 우아한 조각 한 점과 함께 전시되었다. 관람을 온 미술평론가 루이 보셀Louis Vauxcelles은 전시 리뷰에서 조롱하듯 이렇게 묘사했다. '야수들Fauves에 둘러싸인 도나텔로Donatello: 르네상스 조각가.' 그리고 2년 후에는 더 신랄하게 매도했다.

> "나는 이 미술 움직임이, 가해자들에게 진정한 동정을 느꼈음에도 불구하고, 매우 위험하다고 사료된다. 예배당은 세워졌다. 두 오만한 사제, 드랭 씨와 마티스 씨가 미사를 집전한다. 몇몇 순진한 예비신자들이 세례를 받는다. 이들의 교리는, '나는 회화적인 추상이 뭔지 몰라요'라는 명목하에 입체감을 박탈한 도식주의가 된다. 나는 이런 새로운 종교에 동조하기 어렵다. 이런 식의 르네상스를 믿지 않는다. 야수파 대장 마티스, 야수파 부관 드랭, 그리고 유아스런 야수파 학생들."
>
> 루이 보셀, 문학 간행물 『질 블라스Gil Blas』의 기고문 중에서, 1907년 3월 20일 자.

그러나 시각적 가해자 '마티스 교단'은 루이 보셀의 우스꽝스런 비유 덕분에 소중한 이름을 얻었다. 야수파, '포비즘'이었다.

콜리우르에 밤이 찾아왔다. 한낮의 색들이 장막 뒤로 묻혔다. 성곽은 더 탁해지고 등대는 더 아련해졌다. 태양 밑에서 원색을 만끽했던 마티스. 그의 캔버스에는 어둠이 없었다. 그러나 우주 불변의 법칙이 그를 비껴갔을 리 없다. 어떻게 받아들였을까. 이 고적하면서도 영롱한 밤의 빛깔을.

노란 등불이 골목 어귀를 감싸고 바다는 거뭇한 물결에 휩싸였다. 해안에 정박한 배들이 하루의 노역을 끝내고 긴 잠을 잔다. 방파제 옆에서는 동네 음악회가 열렸다. 재즈의 흥겨운 선율이 살랑살랑 바람을 탄다. 사람들이 옹기종기 모여 무대를 즐긴다. 젊은이들은 두런두런 모래사장에 둘러앉았다. 개들도 느릿느릿 산책에 나섰다. 식당에서는 달그락달그락 설거지 소리가 들린다. 스페인 카탈루냐와 프랑스가 절묘하게 뒤섞인 어촌 벽지에서, 나는 그만 행복해지고 말았다.

마티스의 1908년 작 <붉은 방>. 야수파의 특징인 화려하고 원색적인 색감이 두드러진다.

19

　이른 아침, 마을 기차역이 텅 비었다. 매표구 직원과 우리뿐이다. 멀뚱멀뚱 허공을 바라보며 앉아 있을 때 그녀가 소리쳤다.
　"지금 막 기차가 도착했어요. 저거 타도 괜찮으니 서두르세요!"
　화장실도 커피숍도 없는 역사에서 40분을 더 기다려야 하는 우리가 안쓰러워 보였나 보다. 지금 놓치면 언제 올지 모를 기차가 염려돼, 캐리어를 움켜잡고 철로 건너편 쪽으로 냅다 뛰었다. 이 나이에 이런 힘이 나올지 몰랐다. 계단을 내려가고 다시 올라가고, 고개를 쏙 내민 기관사를 보고서야 숨을 크게 내쉬었다. 땀을 뻘뻘 흘리며 좌석에 안착한 후에는 보람마저 느꼈다. 해냈다.
　이제부터는 지중해를 따라 남프랑스 서쪽에서 동쪽의 니스Nice까지 이동하는 여정이다. 2008년 가을, 나는 머무는 여행『프로방스』를 내기 위해 이 구간을 훑었었다. 세월은 흐르고 상황이 바뀌고 나도 변했다. 가보지 못한 곳도, 갔지만 아쉬움이 남은 곳도 있다. 이번엔 과연 무엇이 기다릴까. 나르본Narbonne에서 기차를 갈아타고 2시간쯤 더 가서야 첫 번째 목적지에 다다랐다.

　아를Arles에 도착했을 때 나는 기억 속 흐릿한 잔상들을 주워 모았다. 나흘이나 머물렀지만 감기에 걸렸고, 화가의 사연을 알았지만 만사 제칠 만큼 몰입하지 않았다. 누군가의 흔적보다는 나의 흔적들을 확인하고 싶던 시절, 혼란스런 40대였다. 아쉽게도 빈센트 반 고흐Vincent van Gogh의 발자취를 대부분 놓쳤던 11년 전. 그러나 춥고 아팠던 그때마저 애틋한 추억이 되었으니, 과거는 뭣 하나 버릴 게 없다.

지금은 날이 덥다. 감기의 조짐도 없다. 혼란을 넘어 초연해지기까지 했다. 내 삶의 흔적은 확인 안 해도 될 만큼 넘쳐났다. 나는 호텔에 여장을 풀자마자 밖으로 나갔다. 궁금한 게 많았다. 네덜란드와 파리, 오베르쉬르우아즈Auvers-Sur-Oise를 거치며 반 고흐의 삶에 깊숙이 다가간 내게 프로방스는 마지막 퍼즐 조각이었다.

고즈넉한 〈밤의 카페 테라스〉는 잠시 잊는 게 좋겠다. 반 고흐 카페Le Café Van Gogh는 몰려든 관광객들로 왁자지껄한 장터가 되었다. 11년 전에는 못했던 일, 나는 빈 야외좌석에 냉큼 들어가 앉았다. 식당 앞은 한국을 포함한 다국적 단체 관광객들이 줄지어 인증사진을 찍느라 북새통이다. 웨이터와 눈을 마주치기도 어렵다. 모두가 바쁘다. 희희낙락하다. 어느 오솔한 저녁, 광장 저편에 이젤을 놓고 밤하늘을 화폭에 담았던 외로운 화가 덕분이다.

카페 맞은편에는 20세기 중반, 유명 예술가들이 묵었던 노르피누스 그랑 호텔Grand Hôtel Nord-Pinus이 있다. 아를 출신의 패션 디자이너 크리스챤 라크르와Christian Lacroix는 어린 시절에 본 예술가들의 모습을 회상하곤 했다. 검은 망토를 휘날리며 호텔로 들어가던 피카소와 장 콕토를. 나는 반바지에 슬리퍼를 신은 남자의 뒤통수를 보며 지나쳤다. 골목이 어수선하다. 햇볕이 뜨겁다. 연상 작용이라

원래 이름은 카페 테라스. 그러나 반 고흐의 그림 <밤의 카페 테라스>의 실제 배경으로 알려지면서 이름을 반 고흐 카페로 바꿨다. 외부의 벽면도 그림처럼 노란색으로 단장했다. 카페 곳곳에는 반 고흐의 흔적을 느낄 수 있도록 그림 복제품들을 내걸었다. 이제는 아를의 명소가 되어 전 세계에서 몰려드는 관광객들로 늘 북적인다.

는 멋진 도구도 제구실을 못한다.

"일단 쉬었다가 저녁에 다시 나올까 봐. 어차피 론강을 보려면 날이 저물어야 하니까." 내 제안에 T는 기다렸다는 듯 호텔 쪽으로 잽싸게 발길을 돌렸다.

20

"편지 속에 50프랑을 보내줘서 고맙다. 내 앞날이 그리 어둡지만은 않아 보인다. 여전히 험난하긴 하다만. 나는 지금보다 강해질 수 있을까? 지난주에는 치통이 심했었다. 그래도 펜 스케치 몇 장을 보내마. 오늘은 이 건물노란집의 일부를 빌리기로 했단다. 노란색 외관에 실내는 흰색으로 칠해진 방 네 개짜리란다. 해가 잘 드는구나. 한 달 집세는 15프랑이야. 1층은 스튜디오로 쓰고, 2층은 잠을 잘 수 있도록 가구를 들여놓을까 해. 이제 이웃집 소음에서도 해방되었다. 누구와 함께 살아도 좋을 듯싶구나. 고갱Paul Gauguin이라면 남쪽에 내려오지 않겠니."

반 고흐, 동생 테오Theo에게 보낸 편지 중에서, 1888년 5월 1일.

1888년 2월 20일, 반 고흐는 눈이 소복이 쌓인 아를에 도착했다. 심신이 쇠약해진 파리 생활을 도저히 지탱할 수가 없었다. 피난처가 필요했다. 햇빛 좋고 자연이 가까운. 아를에 온 지 석 달 후, 반 고흐는 비로소 자신만의 스튜디오를 가졌다. 이때부터 1년간 한 남자의 인생은 보통사람의 10년과 맞먹는 평지풍파를 겪는다.

1888년

2월 20일, 아를 도착. 카렐 호텔Hôtel Carrel에 임시로 머문다.

빈센트 반 고흐 1853-1890

Vincent van Gogh

◆ "이 모든 역경 속에서도 나는 다시 일어설 것이다. 극심한 좌절 속에서 내동댕이쳤던 연필을 다시 들고, 나는 계속 그림을 그릴 것이다."

5월 1일, 라마르틴 광장Place Lamartine 2번지, 노란 집Yellow House: 반 고흐가 직접 붙인 이름 일부를 스튜디오로 사용.

5월 7일, 카페 드 라 가르Café de la Gare에서 기거.

9월 17일, 노란 집으로 완전 이동. 스튜디오와 주거 공간이 합쳐진다.

10월 23일, 고갱이 아를에 도착한다.

11월, 고갱과 공동 작업. 서로의 초상화를 그리며 순탄한 관계를 이어간다.

12월, 고갱과의 의견 충돌로 긴장감 고조.

12월 23일 비 오는 밤, 심한 언쟁 끝에 고갱이 노란 집을 떠나자, 자신의 왼쪽 귀를 면도칼로 잘라낸다. 상처 부위를 붕대로 감싼 후 빗속을 뚫고 고갱의 단골 사창가로 간다. 출입을 막는 매춘부에게 종이에 싼 귀 조각을 고갱에게 전해달라고 한다. '나를 기억해 달라'는 말과 함께.

12월 24일 아침, 집 안에서 의식불명인 채로 발견돼 병원으로 이송.

12월 25일, 약혼을 앞둔 테오가 전보를 받고 파리에서 급히 온다. 고갱은 아를을 떠나고, 이후 반 고흐와 죽을 때까지 만나지 않는다.

1889년

1월 7일, 기적처럼 회복이 되어 퇴원한다.

2월 7일, 자신이 독살될지 모른다는 과대망상으로 재입원, 타인과의 접촉이 통제된 독방에서 지낸다.

2월 17일, 다시 퇴원, 노란 집으로 돌아간다.

2월 중순~말, 환각과 과대망상 증세가 심해진다.

3월 초, 이웃주민들이 '붉은 머리의 미친 남자'라 부르며 경찰서장에게 퇴출 청원을 올린다. 병원에 재입원. 노란 집은 폐쇄된다.

4월~5월 초, 간간이 외출이 허락되면 야외에 나가 풍경화를 그린다.

5월 8일, 사회에서 격리되는 게 낫다고 스스로 판단, 아를을 떠나 생폴드모솔Saint-Paul-de-Mausole 정신요양원(현재는 수도원)에 들어간다.

혼돈 속에서도 반 고흐는 하나만 생각했다. 그림만이 유일한 돌파구라고. 아를에 444일 머무는 동안 무려 2백 점의 유화와 1백여 점의 드로잉을 제작했다. 후대의 우리가 감탄해 마지않는, 대담한 색들의 따뜻한 울림은 그의 혹독한 삶 속에서 나왔다. 명료한 노랑과 청아한 파랑은 이 남자만의 치유책이었다. 대체 현실 저편에서 무엇을 보고 싶었던 걸까.

'노란 집'은 지금 없다. 2차 세계대전 때 폭격을 맞아 소멸됐다. 나는 라마르틴 광장의 원형도로 앞에서 건물 하나를 주시했다. 길가 모퉁이의 4층집 위치가 그림의 각도와 비슷하다. 그때 잔디밭에서 그림 안내판을 발견했다. 1888년 9월에 그린 〈노란 집〉이다. 고갱이 온다고 빈궁한 살림에 침대와 의자를 두 개씩 들여놓았던 반 고흐. 친구와 더불어 '(프랑스) 남쪽의 화가 공동체'를 만들어보겠다던 그는 한껏 희망에 들떴었다. 집 안을 화랑처럼 꾸미려고 '노란 집을 위한 장식 프로젝트'를 실행했다. 〈해바라기〉를 비롯해 다수의 초상화와 풍경화가 스튜디오 벽을 메워갔다. 12월 23일 귀를 베어내던 전날까지.

햇살이 한풀 꺾였다. 9시가 가까워온다. 그러나 태양은 수그러들 기미조차 보이지 않는다. "여기도 파리처럼 10시 넘어야 해가 질까?"

T의 말에 정신이 번쩍 났다. 호텔은 반대편에 있어 어떻게든 이 근처에서 버텨야 한다. 우리는 일단 현장에 가서 기다리기로 했다. 아를 남북을 관통하는 론Rhône 강둑의 '어떤 지점'이 이젤이 놓였던 자리라고 했다. 나는 지도를 펴고 레장스Le Régence 호텔의 위치를 확인했다. 라마르틴 광장에서 백 미터. 노란 집에 살던 반 고흐가 화구를 챙겨 3분이면 걸어갔을 거리다.

9시 10분. 사람들이 밤하늘을 보려고 모여든다. 강가에 정박한 유람선에서 기타 연주가 들려온다. 하늘은 파랗다. 9시 30분. 몇몇이 포기하고 자리를 뜬다. 라이브 음악도 끝났다. 하늘은 아직 파랗다. 9시 45분. 태양이 강 저편으로 절반쯤 넘어간다. 하늘은 청록색에 노을빛이 섞였다. 10시 15분. 노란 가로등이 켜졌다. 하늘은

반 고흐가 아를에서 약 10개월간 머물던, 일명 '노란 집'이 있던 장소.

고갱과 함께 지내던 시절에 반 고흐가 그린 두 작품 <반 고흐의 의자>(왼쪽)와 <고갱의 의자>(오른쪽).

반 고흐의 그림 <론강의 별이 빛나는 밤>과, 실제 배경이 되었던 아를의 론강 주변.

약간 거무스름해져 간다. 그리고 별이 없다. 10시 30분. 우리도 강가를 떠났다.

황금색 별들이 폭죽처럼 터지고, 가스등의 노란 빛이 수면에 길쭉한 무늬를 남기고, 하늘과 강이 온통 파랑과 청록으로 물들여진, 〈론강의 별이 빛나는 밤〉은 보지 못했다. 실은 불가능했다. 화가의 절절한 상상이 보태진 거니까. 테오에게 쓴 편지에서 '늙어서 평화롭게 죽는다는 건 저 별까지 걸어가는 거겠지'라고 했던 반 고흐. 강둑에 걸터앉아 물끄러미 일몰을 기다리던 나는 어느새 마음의 별에 빠져들었다.

호텔로 돌아가는 길에 반 고흐 카페를 지나쳤다. 어둠 속에서 카페의 노란 벽이 선명하게 살아났다. 처마에 매달린 등이 하얀빛을 뿜어냈다. 야외 테라스에는 몇몇 손님들이 앉아 늦은 술잔을 기울였다. 나는 1888년 9월의 어느 호젓한 밤을 지나고 있었다.

1888년 9월 중순에 제작된, 반 고흐의 <밤의 카페 테라스>. 별이 빛나는 하늘을 배경으로 그린 첫 작품. 반 고흐는 작업을 끝낸 후 여동생에게 이런 내용의 편지를 썼다. "테라스에서 사람들이 술을 마시고 있는데 거대한 노란색 등불이 테라스를 비췄다. 나는 검은색을 사용하지 않았다. 보라와 초록, 파란색과 유황빛으로 가득 찬 밤을 그렸다. 또 모파상의 소설 <벨라미>에서 묘사된 파리의 밤하늘에서 영감을 받았다."

21

나는 챙 모자를 꾹 눌러쓰고 지도를 폈다. 아를 곳곳에 반 고흐의 흔적들이 퍼져 있다. 때로는 상처를 안고, 때로는 행복한 희망으로 하루를 열었을 반 고흐. 나는 그림의 배경을 확인하며 그의 발길을 따라가기 시작했다. 설레는 아침이다.

랑글루아 다리 Pont de Langlois

매서웠던 겨울 끝에 찾아온 3월. 아를 초년생은 동네 외곽을 탐색하다 우연히 다리 밑에서 빨래하는 여인들을 본다. 도개교교체 위쪽이 들리도록 설계된 다리의 남다른 구조는 고향 네덜란드를 떠올리게 했다. 밝은색 물감이 손에 잡혔다. 아를에 온 지 한 달 만에 찾아낸 색깔이었다. 하늘과 강물은 파랗게, 강둑은 초록을 입힌 오렌지색으로, 빨래터 여인들은 울긋불긋하게 입혔다. 철 지지대와 사슬 도르래의 구조도 공들여 표현했다. 자신의 결과물에 만족했고 동생 테오

는 더 좋아했다. 최소한 5백 프랑의 가치가 있다고 형을 추켜세웠다. 그러나 반 고흐 생전에 팔린 작품은 지인의 여동생이 구입한 〈아를의 붉은 포도밭〉 하나뿐이다.

알리스캉 Alyscamps

늘 홀로 다니던 이방인은 늦가을이 되자 파리에서 온 친구를 대동하고 길을 나섰다. 고대로마의 공동묘지Necropolis는 고갱과의 첫 협업에 적절한 대상이었다. 입구에서부터 예배당까지 쭉 뻗은 오솔길에는 포플러나무들이 우거졌다. 노란 이파리들이 바닥에 겹겹이 싸이고 낙엽은 눈송이처럼 흩뿌려졌다. 두 화가는 각자의 색깔로 풍경을 담았다. 그림을 비교하며 진지한 대화를 나눴다. 얼마 후 벌어질 비극적인 사건은 짐작할 수도 없었던 때다.

레스파스 반 고흐 L'espace Van Gogh: 아를 병원으로 운영되던 곳

1888년 12월 24일 아침, 아를 병원. 젊은 의사 펠릭스 레이^{Félix Rey}는 귀 한쪽을 붕대로 감은 의식불명의 환자를 받는다. 경찰이 데리고 온 남자는 네덜란드 화가라고 했다. 의사는 잘려나간 귀를 급히 전달받았지만 봉합수술에 실패했다. 입원한 첫 날밤, 환자는 잠옷 바람으로 간호사를 뒤쫓고 석탄이 든 드럼통 속에 들어가 몸을 씻기도 했다. 레이 박사는 열과 성을 다해 귀를 치료했지만 환자의 심각한 강박관념과 정신착란은 능력 밖의 일이었다.

'붉은 머리의 미친 남자'로 불린 환자는 입, 퇴원을 반복하며 병원에서 5개월을 지냈다. 때때로 정원에 나가 꽃과 나무를 그렸다. 고마운 레이 박사에게 초상화를 선물로 주기도 했다(전해진 얘기로

는, 레이 박사의 모친은 아들의 초상화를 탐탁지 않아 해 골방에 처박아 놨다고 한다. 현재 모스크바 푸시킨 박물관 소장). 친구이자 화가인 폴 시냐크가 방문한 날에는 외출 허가를 받아 산책을 나갔다. 그러나 병세는 호전되지 않았다.

아레나 Arena

반 고흐는 종종 투우 경기를 보러 갔다. 파리나 네덜란드에서는 접할 수 없었던 색다른 광경이었다. 고대로마의 원형경기장은 장대했다. 각양각색의 군중들을 바라보는 것도 흥미로웠다. 햇빛은 원형 바닥에 뚜렷한 명암을 만들었다. 계단좌석 꼭대기에 앉아 이 흐름을 지켜보던 그는 11월경, 유화 〈원형경기장〉을 완성했다. 고갱이 곁에서 힘찬 응원을 아끼지 않았다.

카페 주인 부부와 친분을 맺고 우편물 관리인 가족과 우정을 나눴던 살가운 남자. 화구를 메고 동네 구석구석을 살피며 때로는 늦은 밤 술집을 기웃하던 외국인 화가. 성탄절 무렵에는 장안을 시끄

위 2014년, 아를에 머물던 반 고흐를 기념하기 위해 만들어진 빈센트 반 고흐 재단 건물. 반 고흐의 삶과 작업을 한눈에 볼 수 있도록 만든 미술관이다.

왼쪽 반 고흐가 즐겨가던 에테 정원 입구에 마련된 청동 두상.

럽게 만들었던 쇼킹한 사건의 주인공. 그가 살다간 1년 3개월의 자취는 프로방스의 소도시 하나를 전 세계에 알렸다.

아를은 북쪽에서 온 이방인을 기리기 위해 최선을 다했다. 그림의 배경 장소에는 꼼꼼한 안내판을 내걸었고, 즐겨 가던 에테 정원 Jardin d'été에는 청동 두상을 세웠다. 노란 집을 지키지 못한 미안함이었을까. 빈센트 반 고흐 재단Fondation Vincent van Gogh Arles은 2014년 4월, 화가의 확고부동한 집을 마련했다. 15세기의 저택을 사들여 3년간 개조한 후 미술관으로 탄생시킨 것이다. 대형 박물관에 비하면 한참 부족하지만 반 고흐의 소품 원작 넉 점이 안주인 역할을 톡톡히 한다.

나는 모퉁이 카페에 앉아 두 다리를 길게 뻗었다. 아를에서의 여정이 끝나간다. 이제야 손에 쥐고 있던 꼬깃꼬깃한 지도를 가방에 넣었다. 오늘도 참 파랗다. 1889년, 이곳을 등져야 했던 반 고흐의 봄날도 이렇게 화창했을까.

22

해외를 여행하면서 특정 장소를 여러 번 방문하기란 쉽지 않다. 세상은 넓고 인생은 짧아서 멋진 어딘가에 가면 꼭 이런 생각이 든다. 언제 또 오겠느냐, 열렬히 보고 느끼고 가자. 그런데 운 좋게도 여러 번의 기회를 갖는 경우도 있다. 나는 아를에서 멀지 않은 언덕 마을, 레 보드프로방스Les Baux-de-Provence의 초대형 전시장인 빛의 채석장Carrières de Lumières을 세 번째 찾았다. 대가들의 작품을 색다른 환경 속에서 접할 수 있다는 기대감 때문이었다. 그 독특한 시청각적 배경은 어디에서도 접할 수 없었다.

험준한 석회암 덩어리들이 산을 형성한다. 칼로 잘라낸 듯 삐죽한 단면이 기괴하다. 프랑스의 전방위 예술가 장 콕토Jean Cocteau는 1959년, 극본과 감독에 주연까지 겸한 흑백영화 〈오르페의 유언〉을 이곳에서 촬영했다(78세의 피카소가 카메오로 출연했다). 천재적 혜안을 지닌 예술가 덕분에 폐쇄됐던 채석장이 제2의 전성시대를 맞았다. 1977년에는 인간의 탁월한 능력이 보태지면서 오늘날의 독보적 전시장으로 탈바꿈했다.

투박한 벽과 기둥은 천연의 스크린이다. 드높은 천장은 뛰어난 음향 효과를 낸다. 밀폐된 동굴은 관람객의 집중을 최대치로 끌어올린다. 매년 한 명의 예술가를 주제로 꾸며지는데, 올해(2019년)는 반 고흐다.

노란색 자화상. 들판의 농부. 감자 먹는 사람들. 해바라기. 활짝 핀 아몬드 꽃. 보라색 아이리스. 흩날리는 낙엽. 풍차 마을. 사이프러스나무. 까마귀가 날아가는 밀밭. 편지와 스케치. 오베르의 성당. 노란 집. 소용돌이치는 구름. 씨 뿌리는 사람들. 별이 빛나는 밤. 사방에 이미지들이 넘치고 클래식과 재즈 음악이 입체적으로 울린다. 색색의 빛이 휘황찬란한 무늬를 남긴다. 이미 세상을 떠난 화가의 체취가 관람자들의 오감을 휘몰아치듯 건드린다. 1시간 동안 진행된 극적인 드라마가 아쉽게 느껴진다면 그 따끈따끈한 감동을 더 연장하는 방법도 있다. 반 고흐를 1년간 품어준 생레미드프로방스Saint-Rémy-de-Provence의 수도원으로 발길을 돌리는 것이다.

 11년 전, 여행 중 감기몸살을 앓았던 나는 몸이 채 낫기도 전에 홀로 운전대를 잡고 이곳을 찾아갔었다. 오솔길을 걸어 수도원에 발을 들여놨을 때 지친 근육들이 위안을 받았다. 텅 빈 회랑 벤치에서 안뜰과 마주하자 뒤엉킨 마음이 풀어졌다. 라벤더가 활짝 핀 뒷마당에서는 해를 쪼이며 여유를 즐겼다. 그러나 안타깝게도 가장 중요한 하나를 놓쳤다. 2층 반 고흐의 방이 공사 중이었다.

23

"테오야, 나는 아주 잘 지낸다. 회녹색 벽지가 발린 작은 방에 묵고 있는데, 창에는 가느다란 선홍색 줄에 장미 무늬가 그려진 커튼이 달렸단다. 지금은 고인이 된 어느 몰락한 부자의 잔재일 듯싶다. 그가 앉았을 닳고 닳은 안락의자는 적갈색, 분홍색, 흰색, 검은색, 물망초 파란색, 암녹색이 뒤섞인 직물로 덮였구나. 때때로 창밖으로 보이는 마당의 밀밭을 그리곤 한단다. 얀 반 호이엔Jan van Goyen: 17세기 네덜란드의 풍경화가의 원근법으로 말이다. 아침이면 창 너머로 해돋이를 지켜보기도 하지."

반 고흐, 테오에게 보낸 편지 중에서, 1889년 5월 23일.

1889년 5월 8일, 반 고흐는 간호사를 대동하고 생폴드모솔 요양원에 도착했다. 나지막한 알피Alpilles 산맥에 둘러싸인 호젓한 곳이었다. 12세기 때 세워진 건물은 아래층에 진료소와 중정이 있고 주변은 어둑한 복도로 이어졌다. 담당 의사인 페이론Théophile Peyron 박사는 아를에서 온 정신이상 환자를 친절히 맞았다. 테오의 부탁으로 (다행히 여분의 방들이 있어서) 반 고흐는 2층에 방 두 개를 얻었다. 요양원에서 그는 '아무것도 가진 게 없는 가엾은 사람'으로 여겨지곤 했다.

당분간 야외 생활이 버거워지자 반 고흐는 방안에서 내다본 풍

경을 그렸다. 요양원의 엄한 규칙은 오히려 안정감을 주었다. 커피와 술이 금지되었다. 세상과의 유일한 소통은 동생과 친구들의 서신이었다. 얼마 후 외출이 허락되자 뛸 듯이 기뻤다. 그에게 자연은 특별했다. 나무와 꽃, 심지어 하찮은 유충까지도. 이 기간에 올리브나무, 사이프러스나무, 포도밭, 별이 빛나는 밤이 캔버스를 채웠다.

페이론 박사는 환자의 정신질환이 간질에서 기인한다고 믿었다. 그 치료법으로 일주일에 두 번 두 시간 동안 열탕 냉탕에서 번갈아 목욕하는, 일종의 '물 요법 Hydrotherapy: 물로 질병을 치료하는 대체의학. 19세기 유럽에서 성행'을 썼고, 다행히 효과가 보이는 듯했다. 그러나 12월 말, 환자는 심한 의욕상실로 음식을 거부하고 스스로 물감을 먹으려는 등 과격한 행동을 보였다. 다시 외출이 제한되었다. 그림 주제가 바닥이 난 반 고흐는 밀레와 들라크루아의 작품을 자신의 기법으로 모사했다.

새해가 되었다. 길고 어두운 터널은 끝이 보이지 않았다. 발작 증세가 심해져 편지조차 쓰기 힘들었다. 작업에도 타격이 왔다. 어머니에게 예전 스케치들을 보내달라고 부탁했다. 그렇게라도 아이디어를 짜내고 싶었다. 이때 탄생한 작품이 기존의 펜 드로잉을 유화로 그린 〈슬퍼하는 노인, 영원의 문에서〉다.

두 개의 방이 마주 본다. 침실에 빛이 스민다. 쇠창살이 박힌 창문 밖은 온통 라벤더 밭이다. 벽면에는 한쪽 귀를 붕대로 감싼 반 고흐의 자화상이 걸렸다. 날 선 붓놀림 속에 자신의 얼굴을 새겨넣

생폴드모솔 수도원 앞에 펼쳐진 올리브나무 밭. 반 고흐는 병세가 호전되어 바깥 외출이 가능해지면 밖에 나와 꽃과 식물 등 아름다운 풍경을 캔버스에 담았다. 그에게 자연은 가장 확실한 위안이자 치유의 방법이었지만, 때로는 이마저도 소용이 없을 만큼 피폐해지기도 했다.

왼쪽 현재 수도원에 그대로 남아 있는 반 고흐의 방. 사진에는 없지만 방 왼쪽 벽면에 난 창문으로 바깥 풍경을 감상하며 그림을 그렸다. 외출이 힘들어질 때면 온종일 이 방안에서 머물기도 했다. 낡은 안락의자와 침대, 이젤과 화구가 방 안의 유일한 가구들이다.

오른쪽 반 고흐의 정신질환을 치료하기 위해 실행되었던 일종의 '물 요법'은 열탕과 냉탕 욕조를 오가며 번갈아 목욕하는 것이었다.

다. 검은 쇠틀에 흰색 천이 덮인 침대, 해진 안락의자, 물감이 눌어붙은 이젤과 황금색 밀밭 캔버스, 반들반들한 타일바닥과 노후한 커튼. 아침에는 장렬한 해돋이를, 저녁에는 쓸쓸한 일몰을 보며 하루를 지탱했을 그의 침실이다. 다른 방에는 두 개의 욕조가 나란히 놓였다. 열탕과 냉탕에 몸을 담그며 치열하게 병마와 싸웠던 흔적이다. 그는 정말 '아무것도 가진 게 없는 가엾은 사람'이었을까.

나는 수도원을 나와 담장 옆의 올리브나무를 따라 걸었다. 해를 받은 이파리가 눈송이처럼 하얗다. 참 아름다운 길이다.

> "아픈 동안에도 기억을 더듬어 소품 몇 점을 그렸단다. 북쪽(북유럽)에서 봤던 장면들이다. 지금 막 태양이 내리쬐는 초원 풍경을 그렸는데 아주 강렬하구나."
>
> 반 고흐, 테오에게 보낸 편지 중에서. 1890년 4월 29일

저 황홀한 풍경을 진정 가슴에 품었던 이라면, 누구보다도 풍요로워야 하지 않았을까.

1890년 5월 16일, 절망의 늪에서 헤어 나오지 못하던 반 고흐는 화구와 짐 가방을 짊어지고 요양원을 나섰다. 밤새 기차를 타고 다음 날 아침 파리 리옹 역에 도착했다. 혼자 먼 길을 떠난 형이 염려되어 잠을 설친 테오는 서둘러 마중을 나갔다. 형제는 파리에서 사흘을 함께 지냈다. 5월 20일 아침, 반 고흐는 파리 근교의 오베르쉬르우아즈 마을로 가기 위해 다시 기차를 탔다. 그곳에는 화가들

의 친구이자 의사인 가세Paul Gachet 박사가 살고 있었다. 실낱같은 희망의 끈이라도 붙잡고 싶은 심정이었다. 그의 나이 37세, 죽음을 두 달 앞두고 있었다.

한편 반 고흐가 짐을 싸서 프로방스를 떠나던 1890년, 요양원에서 70킬로미터 떨어진 엑상프로방스Aix-en-Provence에서는 한 화가가 이삿짐을 풀었다. 아내와 별거하고 홀로의 생활을 시작한, 51세의 폴 세잔Paul Cézanne이었다.

반 고흐의 1890년 작 <슬퍼하는 노인, 영원의 문에서>는 기존의 펜 드로잉을 유화로 그린 것이다.

반 고흐의 1889 작 <별이 빛나는 밤>.

24

폴 세잔 길Avenue Paul Cézanne은 폴 세잔이 실제로 걸었던 길이다. 지금처럼 매끄러운 포장도로가 아닌 거칠한 흙길이었겠지만. 엑스Aix: 엑상프로방스의 통칭의 중심인 로통드 분수Fontaine de la Rotonde에서 2킬로미터 북쪽, 숨 가쁘게 올라야 하는 언덕 위에 있다. 주변은 인기척도 없이 한적하다. 세잔 시대를 연상하는 데 그리 어렵지 않다. 저 오래된 나무와 벽돌담들은, 어쩌면 백여 년 전에도 그대로였을지 모르니.

1839년, 엑스의 부유한 은행가 아들로 태어나 평생 돈 걱정 없이 살았던 세잔은 대신 사교성 없고 수줍은 성향을 지녔다. 아버지 기대에 부응하려고 엑스 대학에서 법률을 공부했지만 고집 센 아들은 기필코 그림을 배우겠다며 파리로 떠났다. 자식 이기는 부모 없다고, 아버지는 마지못해 매달 적절한 생활비를 보내줬다.

파리에서는 모네와 르누아르 등 또래 화가들과 친분을 가졌으나 늘 겉돌았다. 마네가 주관한 모임에 나가서도 조용히 구석에 앉아 있곤 했다. 당시 사회적 물의를 일으켰던 인상파전에 두 번 출품해 (다른 동료들과 마찬가지로) '임산부와 태아에게 악영향을 줄 만큼 음흉하고 구역질 나는 그림'이라는 혹평을 받았다. 세잔은 누구보다 분노했다. 이후 다시는 인상파전에 참가하지 않았다.

그의 출생 연도나 파리에서의 활동 시기로 보면 초기 인상파에

폴 세잔 1839~1906

Paul Cézanne

◆ "자연 속에는 여전히 보이지 않는 것들이 있다. 만일 화가가 그 부분들을 발견하게 된다면, 그는 곧 성공으로 향하는 길에 들어선 것과 같다."

위 왼쪽 엑상프로방스의 중심가인 로통드 분수 근처에 세워진 세잔의 동상.

위 오른쪽과 아래 '폴 세잔 길' 언덕에 위치한 화가들의 땅. 세잔은 이곳에서 생트빅투아르 산을 그리곤 했다.

속해야 하거늘, 서양미술사에서는 세잔을 반 고흐, 고갱과 함께 후기 인상파로 분류한다. 정체성을 찾아가는 과정이 느리고 길었던 탓에 본격적인 화풍이 정립된 것은 40세 이후, (세잔 입장에서는) 환멸의 도시인 파리를 떠나 고향에 정착한 후였기 때문이다.

 세잔의 40대는 그의 인생에서 가장 평온했다. 아내와 아들이 생겼고, 아버지와의 관계도 좋아졌으며, 무엇보다 자연과 가까이할 수 있었다. 한갓진 어촌과 목가적인 농촌, 지중해의 햇빛과 엑스의 산간지역은 곧 다가올 세잔의 '엄청나고도 파격적인' 후반부를 장식하는 데 밑거름이 되었다. 이렇게만 지속되었다면 얼마나 좋았을까. 그러나 부모의 죽음, 아내와의 별거, 당뇨병 진단, 거기에 불안정한 인간관계가 정점을 찍으면서 50대의 세잔은 은둔자가 되었다. 생트빅투아르 산 Mont Sainte-Victoire을 등반하고, 채석장 옆 오두막에 칩거하며 그림에만 몰두했다.

 1901년, 60대에 접어든 세잔은 결단을 내린다. 북쪽 교외 구릉지역의 땅을 매입한 후 직접 도면을 만들어 공사를 시작했다. 1년 후 스튜디오가 완성되면서 세잔은 매일매일, 누구의 방해도 없이, 혼자 마음껏 일했다. 걸어서 30분 거리에는 파노라마로 펼쳐진 전망대가 있었다. 저 멀리 생트빅투아르 산이 사시사철 보이는.

 벽돌 한 귀퉁이에 'CEZANNE'이라는 글자와 화살표만 달랑 새겨졌다. 알아서 이해하라는 식이다. 어쨌든 화가들의 땅 Terrain des Peintres이 분명하다. 계단을 오르자 비로소 안내판이 보인다. 산과

세잔의 <생트빅투아르산>.

마주한 이젤 앞에서 붓을 든 세잔의 사진이다. 꼭대기까지 오르자 9점의 〈생트빅투아르 산〉 복제품이 놀라운 전망을 배경으로 둥그렇게 설치되어 있었다. 스튜디오에서 걸어 올라와 온종일 산과 대화를 나눴을 노년의 화가. 불굴의 의지로 완성한 풍경화 연작(총 44점의 유화와 43점의 수채화)은 20세기 현대 미술의 포문을 열었다. 전통적인 원근법이 사라지고 전경과 후경의 구분 없이 편편하게 압축된 구도는 (당시에는) 낯선 접근이었다. 그러나 후세의 반응은 폭발적이었다. 누군가의 확신과 뚝심이 없다면 새로운 세상이 열리지 않는 것처럼.

세잔의 스튜디오 Atelier de Cezanne로 내려가는 1킬로미터의 길은 호젓했다. 전에는 미리 점심 휴무를 확인 못한 탓에 저 아랫동네에서 두 번이나 오르내리느라 '화가들의 땅'까지 내처 갈 기력이 없었다. 이번에는 차를 타고 일단 높은 곳으로 간 다음 아래로 내려오는 동선을 택했다. 게다가 성수기의 스튜디오는 내내 문을 연다. 입장권도 사뒀다. 더 반가운 소식은 공식적으로 사진촬영을 허가한다는 것이다. 직원 눈치를 보며 1초 만에 카메라 셔터를 누르고는 초점 나간 사진 한 장을 얼마나 귀히 간직했던가.

입장 시간을 기다리는 방문객들이 정원을 어슬렁거린다. 워낙 장소가 협소해서 30분 간격으로 십여 명씩 예약을 받는다. 2층과 연결된 계단이 분주해졌다. 스튜디오에서 나오는 사람, 들어가는 사람, 기념품 코너를 기웃하는 사람. 나는 떳떳하게 카메라를 꺼내들고 맨 앞줄에 섰다. 입구에는 이런 문구가 적혀 있었다.

"이곳은 제 스튜디오입니다. 저 없이는 아무도 입장할 수 없답니다. 그러나 당신은 친구랍니다. 우리 함께 들어가요. (폴 세잔)"

① 채광을 위해 북쪽 벽 전체를 유리로, 남쪽에는 두 개의 창을 냈다. 세잔에게 자연의 빛은 공짜로 얻는, 그러나 가장 믿음직한 도구다.
② 대형 캔버스 작업이 가능하도록 천장을 높게 했다. 중앙에는 긴 사다리가 설치되었다. 세잔이 죽기 직전까지 7년간 매달렸던 〈대수욕도〉 연작의 탄생 지점이다.
③ 곳곳에 사과가 보인다. 뉴턴의 사과만큼 유명한, '세잔의 사과'다. 다중 시점을 통해 오브제의 형태를 해체하고 재배열한 정물화. 앞과 옆과 위에서, 각각의 시간대에 걸쳐 백여 차례 관찰하고 스케치했다. 은근과 끈기의 세잔이 아니면 불가능하다. 입체파 선봉에 섰던 피카소가 말했다. 세잔은 우리 모두의 아버지라고.
④ 또 하나의 문제작 〈큐피드 석고상이 있는 정물〉에서 석고상은 회전하듯 몸을 비튼다. 푸른 천과 탁자가 그림 밖으로 이어진다. 구도는 과격하고 뒤의 배경은 당겨진다. 도무지 정상적인 배열이 없다. 그림의 주인공인 하얀색 석고 큐피드도 이 방의 식구다.
⑤ 으스스한 세 개의 해골이 선반 위에 사이좋게 놓였다. 서양 미술의 단골 메뉴인 '허무함Vanitas'의 아이콘이다. 세잔은 그

세잔의 스튜디오에는 화가의 흔적을 엿볼 수 있는 오브제와 소품들이 놓여 있다. 정물화에 사용된 사과, 대형 작품에 동원된 높은 사다리, 큐피드 조각과 술병까지 세잔의 작품을 연상할 수 있는 물건들이 눈길을 끈다.

림 〈해골의 피라미드〉에서 뼈가 적나라한 망자의 얼굴을 겹겹이 쌓아올렸다. 자신의 병든 노년을, 운명처럼 다가올 죽음을 암시한 걸까.

⑥ 팔레트와 물감. 간이침대. 난로. 화병. 대나무바구니. 럼주 병과 주전자. 와인 잔. 이젤. 안락의자. 십자가. 모자와 외투. 가방과 우산. 주인이 떠난 빈자리를 추억의 이름으로 메우는 세잔의 영원한 친구들이다.

1층 카운터에서 〈카드놀이 하는 사람들〉이 프린트된 천 장식을 샀다. 2011년, 총 5개의 연작 중 하나가 카타르 왕족에게 2억 5천만 달러약 2천8백억 원에 팔리면서 당시 최고가 미술품으로 화제가 됐던 작품이다2017년, 레오나르도 다 빈치의 〈살바토르 문디〉가 이 기록을 경신했다. 나는 단돈 12유로로 세잔의 명품 기념물을 획득하고는 뿌듯하게 스튜디오를 나왔다.

다행히 엑스에서의 여정이 간단해졌다. 예전 방문 때 도심에 산재한 세잔의 흔적들을 부지런히 찾아다닌 덕분이다. 관광안내소에서 얻은 지도에는 그와 관련된 장소가 무려 34곳이나 표시되었다. 생가와 거주지를 비롯해 단골 카페, 부친이 운영하던 은행, 자주 가던 미술관, 졸업한 학교, 세례받고 결혼하고 장례식이 열린 성당들, 스튜디오와 생트빅투아르 산까지. 세잔이 옷깃만 스쳐도 엑스에서는 역사유적지와 다름없었다. 관광객들도 그것을 원하니까. 나는 과거의 내게 감사하며 부산스런 중심가를 거쳐 남쪽 외곽으로 곧장 향했다.

생피에르 공동묘지Cimetière Saint-Pierre에 들어서자마자 사무실부터 들렀다. 방문객이라고는 달랑 우리뿐. 한가하던 관리인이 지도에 동그라미를 치며 여러 번 설명한다. 저 뒤편, 6구역이라고 했다. 이 도시가 낳은 최고의 유명인사니, 확실한 표시가 있을 것이다.

막대한 유산을 물려받은 세잔은 원한다면 뭐든 누릴 준비가 되었다. 이탈리아를 여행하거나 탐나는 작품들을 구매할 수도 있었다. 그러나 천성적으로 검소한 그는 소박한 스튜디오 하나면 족했다. 그렇게 언덕 위의 작은 집에서는 조용한 혁명이 일어났다. 세잔의 끈질긴 작업들은 입체, 야수, 추상파 화가들에게 '이 풍진 세상의 희망가'나 다름없었다. 그러나 정작 본인은 출중한 후배들의 추앙을 누려보지 못한 채 이승을 떠났다. 1906년 10월 중순, 야외 스케치 중 들이닥친 폭풍에 호되게 시달린 세잔은 집에 돌아오는 길에 쓰러지고 만다. 겨우 몸을 추슬렀지만 다음 날 정원에서 관리인의 초상화를 그리다 말고 다시 정신을 잃는다. 그리고 며칠 후 폐렴으로 67년의 생을 마감했다.

이듬해 파리, 가을 살롱전에서 세잔의 회고전이 열렸다. 피카소, 마티스, 모딜리아니Amedeo Modigliani 등 젊은 아방가르드 기수들은 감격에 휩싸였다. 자신들이 고민하고 주저했던 숙제들을 이미 한 올씩 풀어간 선배가 있었던 것이다. 시각의 혁신, 공간의 혁신, 소재의 혁신, 구도와 형태의 혁신. 피카소와 마티스는 주머니를 톡

톡 털어 세잔의 〈수욕도〉를 하나씩 구입했다. 더 가난했던 모딜리아니는 〈빨간 조끼 소년〉의 허접한 복제품을 집에 걸어 놨다.

  나는 묘석의 뭉개진 글자를 확인하려고 눈을 가까이 댔다. 거무죽죽한 석관 위로 이파리 그림자까지 내려앉으니 도무지 분간을 못 하겠다. 양옆에는 다른 묘들이 다닥다닥 붙어 있다. 만일 관리인이 자전거를 타고 뒤쫓아 오지 않았다면 한참 헤맸을 것이다. 사진, 동상, 팻말. 아무것도 없다. 황망한 내 표정을 보며 관리인이 한마디 한다.
  "무덤 앞에 세워놨던 그림이 얼마 전에 없어졌답니다. 누가 훔쳐갔나 봅니다. 그 뒤로는 이렇게 틀만 남았지요."
  그제야 나는 뒷걸음질 쳐 '그림 없는 썰렁한 틀'의 존재를 확인했다. 어설프게 프린트된, 한낱 복제품이었을 텐데. 그리고 다른 복제품으로 채우면 됐을 텐데.
  은둔자 폴 세잔, 덤덤한 무덤이 그와 꼭 닮았다. 아마 이 고장 주민들도 그리 생각하나 보다. 무슨 표시가 중요하겠는가. 여기 이 자리에 폴 세잔이 묻혔으면 되는 거지.

25

프로방스-코트다쥐르의 주도이자 프랑스에서 세 번째로 큰 도시인 마르세유Marseille는 내게 늘 정거장이었다. 공항과 기차역 위주로 이용할 뿐, 도심에 들어가 본 적이 없었다. 딱히 매력을 느끼지 못했기 때문이었을까. 이번에도 마찬가지다. 생레미와 엑상프로방스를 둘러보고 저녁나절 마르세유에 도착해 역전 호텔에서 하룻밤을 잔 뒤, 부리나케 짐을 쌌다. 40대의 세잔이 즐겨 풍경화를 그리곤 했던 에스타크 L'Estaque: 마르세유에서 10km 서쪽의 어촌 마을이 걸렸지만, 아, 여행에서 완벽한 일정은 없다. 어느덧 중반. 피곤하면 생략하고, 번거로우면 포기한다.

칸Cannes까지 170킬로미터. 본격적인 코트다쥐르 Côte d'Azur: '하늘색 해안'이라는 뜻으로 남프랑스 지중해 연안을 일컬음 여정이다. 왼편에는 붉은 돌산과 촌락들이, 오른편에는 바다가 출렁이는 기차 여행. 움직이는 풍경화 덕분에 2시간이 후다닥 지나갔다.

카탈루냐에 포진한 달리의 트라이앵글처럼 칸 주변에도 길쭉한 삼각형 모양을 이루는 피카소의 흔적들이 있다. 워낙 남프랑스를 사랑했던 화가라 도처에 존재감을 뿌리고 갔지만 70대 안팎으로는 그의 삶이 다소 간결해졌다. 집도, 여자도. 칸 호텔에 도착해 짐을 내려놓자마자 5킬로미터 북쪽의 발로리스Vallauris부터 행로를 잡았다. 이왕이면 화가의 타임라인에 동승하는 것도 괜찮으리라.

1946년, 우연히 도자기 마을 발로리스의 축제에 갔던 피카소는 낯선 매개체에 호기심이 생겼다. 어쩌면 점토라는 자연의 흙가루로 그럴듯한 형상을 만들 수 있을 것 같았다. 하나에 골몰하면 대단한 집중력을 발휘하는 피카소. 모락모락 피어나는 불씨에 점화선이 된 인물은 마을에서 도자기 공방을 운영하는 라미Ramie 부부였다. 2년 후 아예 발로리스로 거주지를 옮긴 피카소는 도자기에 인생 2막을 걸었다. 그의 다섯 번째 뮤즈인 화가 프랑수아즈 질로Françoise Gilot와 한 살배기 아들 클로드가 이 거사에 동행했다. 67세 남자와 27세 여자. 두 사람은 4년째 동거 중이었다(피카소는 30년 전에 결혼한 아내 올가와 여전히 혼인 상태였다).

이때부터 7년간 피카소의 일부를 공유한 발로리스는 예정에 없던 르네상스를 맞았다. 도자기에 눈뜬 대 화가에 맞춰 주민 모두 도예가가 되었고, 유명한 이주민을 찾아온 유명한 친구들로 마을은 늘 들썩였다. 피카소의 작품들이 하나둘 튀어나오면서 급기야 도자기 산업의 중심지로 거듭났다. 이 명성은 지금까지 이어져 나 같은 외국인까지 찾아왔으니, 길이길이 보전할 '피카소 효과'다.

일명 '양을 든 남자의 광장Place de l'Homme au Mouton' 한복판에 사랑스런 청동 조각상이 서 있다. 외지인을 따뜻이 맞아준 보답으로 피카소가 흔쾌히 기증한 〈양을 든 남자〉다. 2차 세계대전 당시 독일 치하의 파리에서 제작된 것으로, 희생과 수난의 상징인 '착한 목자'를 연상시킨다. 전쟁은 끝났지만 수십 년간 비가 오나 눈이 오나 꿋꿋이 마을을 지키는 수호천사다.

약 2만 5천 명의 인구가 거주하는 도자기 마을 발로리스는 피카소가 머물기 시작하면서 세상에 알려졌다. 마을 곳곳에는 피카소의 도자기 작품들을 전시한 국립 피카소 박물관을 비롯해, 이곳을 사랑했던 화가의 흔적들이 남아 있다.

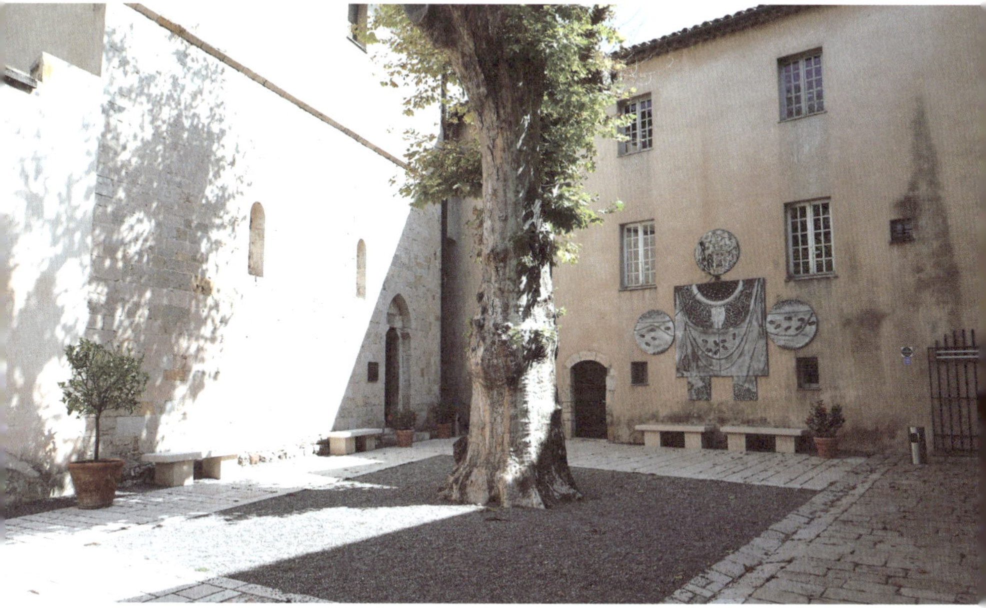

PHARMACIE

PICASSO À VALLAURIS
L'homme au mouton de Picasso
Maison du tourisme
Musée National Picasso « La Guerre et la Paix » et Musée de la Céramique
Le Nerolium
Salon Arias Coiffeur et ami de Picasso
Madoura « Les céramiques de Picasso »
Office De Tourisme :

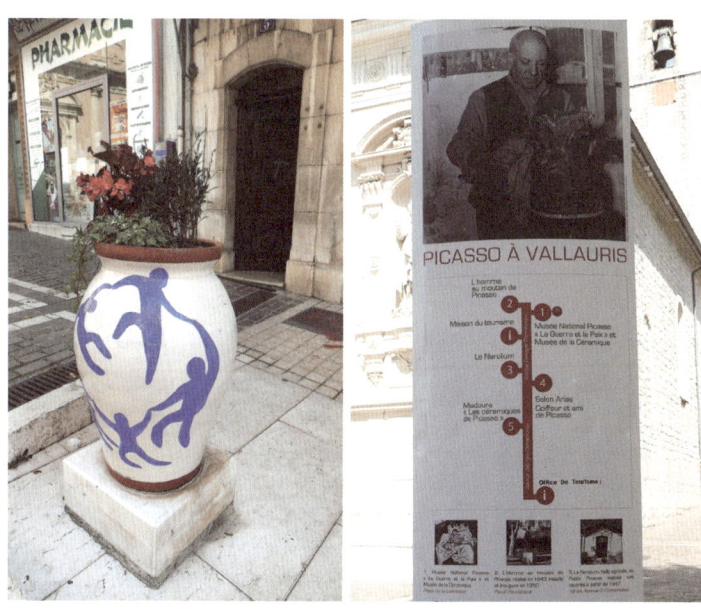

광장 뒤편, 16세기 르네상스 건물을 개조한 국립 피카소 박물관 Musée National Picasso은 재밌는 실험물로 가득하다. 도예가로 변신한 화가는 점토가 뜨겁게 점화되는 모습과 그 유연성을 사랑했다. 평범한 흙덩이가 멋진 도자예술로 둔갑하는 과정에 놀라움을 금치 못했다. 그는 직접 고안한 흰색 가루반죽과 재료들을 혼합했다. 리놀륨, 에나멜, 금속물질도 속속 손에 잡혔다. 항아리, 그릇, 꽃병, 주전자 등 4천여 점의 도자기들이 생명을 얻었다. 피카소는 열광했고 도취됐고 해냈다.

전시장의 진열장은 그 결과물이다. 웃는 얼굴. 수줍은 얼굴. 볼 빨간 얼굴. 흥겨운 얼굴. 둥지 안의 새. 점잖은 올빼미. 우스꽝스런 물고기. 하얗고 파랗고 노랗고 빨간 색들. 그는 아이가 되어갔다. 입체파 시절 형체를 난해하게 뒤섞던 청년은 늘어난 나이의 무게를 단순함으로 포장했다. 어느 날 친구 앙드레 말로André Malraux: 프랑스 작가이자 정치인에게 이런 편지를 썼다. "이보게, 오늘 접시 하나를 만들었다네. 이제 누군가가 그 위에 담긴 음식을 먹게 되겠지."

박물관 옆에는 피카소의 '벽화'를 애지중지 보관한 부속 예배당이 들어섰다. 1951년, 동네 도자기작가들이 열어준 70세 생일. 예배당에서 저녁식사를 하던 피카소는 위를 올려보며 이런 제안을 했다. "저 둥근 천장을 꾸며 보고 싶군. 낡은 성전에 평화의 제단을 만들면 어떨까." 1년 후, 스튜디오에서 제작된 두 개의 커다란 그림은 나무뼈대와 나사로 고정된 18개의 하드보드 패널 위에 얹혀 예배당 벽과 천장에 설치되었다. 서로 둥글게 맞붙어 이뤄진, 일종

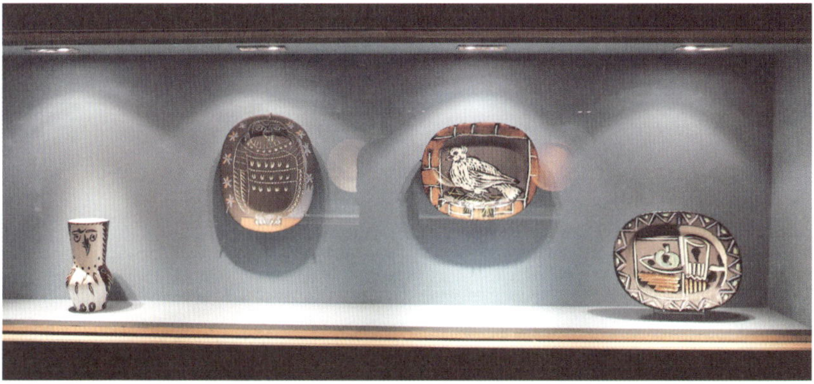

위 피카소 박물관에 전시된 피카소의 도자기들.

오른쪽 피카소 박물관 부속 예배당에 설치된
<전쟁과 평화>의 그림엽서.

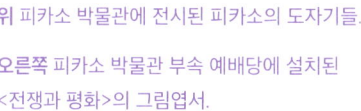

France

의 프레스코 효과를 주는 이 작품의 제목은 〈전쟁과 평화〉다.

예배당 안에는 아무런 부속물이 없다. 뒤따라온 할머니 직원이 전등을 켜더니 하나뿐인 의자에 앉아 우리를 감시하듯 뚫어지게 주시한다. 눈으로 똑똑히 보고 가슴에만 담아 가라는 무언의 메시지다. 사진 촬영이 엄격히 금지된 터라 카메라 근처에 손도 대지 못했다.

왼쪽 벽은 비둘기 문양의 하얀 방패와 검을 든 남자가 대립하는 '전쟁', 맞은편은 여인과 아이들이 하얗게 묘사된 '평화'다. 〈게르니카〉에서도 그랬듯 전쟁과 평화를 보편적으로 다뤘다. 그러나 이 시기는 한국전쟁이 발발했던 때, '평화' 패널 한쪽에 태극문양이 슬쩍 그려졌다. 나는 잘 보고 잘 기억한 후 안내소에 들러 〈전쟁과 평화〉 그림엽서 두 매를 구입했다. 사진 대신 택한 차선책이었다.

길고 곧게 뻗은 클레망소Clemenceau 거리는 마을 중심가다. 주민들이 바게트를 사고 장을 보고 이웃과 안부를 주고받는 곳이다. 아무리 피카소의 후광이 넘친다 해도 아래쪽 소문난 도시들에 비하면 관광객이 훨씬 적다. 그래서 좋다. 이런 동네라면 며칠 머물러도 괜찮겠다. 마음뿐이다. 나는 관광안내소에서 받은 지도를 펼쳤다. 피카소 전시회가 열렸던 네로리움Nerolium을 지나치자 클레망소 35번지에 '아리아스와 피카소Arias & Picasso A.V.E.C'라는 간판이 보였다.

스페인에서 이주해온 이발소 주인 아리아스는 세계적인 유명 인사를 단골 고객으로 둔 덕에 종종 귀한 선물을 받았다. 가게 안에는 피카소의 위대한 그림들이 달력처럼 툭툭 걸렸다. 1975년 프

발로리스의 가장 중심가인 클레망소 거리. 피카소 박물관이 있는 리베라시옹 광장에서부터 남쪽으로 쭉 뻗은 길이다. 관광안내소를 시작으로 카페와 기념품가게, 도자기 상점과 빵집 등이 즐비하게 늘어서 있다. 피카소 역시 이 거리에서 머물고 도자기를 만들고 주민들을 만나고 커피를 마셨다. 이곳에는 피카소의 크고 작은 흔적들이 여전히 남아 있다.

맨 위 피카소의 단골 이발소 자리에 들어선 '아리아스와 피카소'.
지금은 지역 도자기협회의 사무실로 쓰인다.

위 피카소가 본격적으로 도자기 작업을 했던 마두라 아틀리에.

랑코 총통이 사망한 후 스페인으로 돌아간 그는 이미 고인이 된 친구의 선물을 고향에 기증했다. 그즈음이면 피카소가 무심코 그은 선 하나도 고가에 팔렸을 텐데. 이발소 자리는 현재 지역 도자기협회의 운영 사무실로 쓰인다. 벽면에는 피카소가 디자인한 도자기 전시 포스터들이 걸렸다. 마을을 떠난 후에도 이 약속은 지켜졌고 피카소는 포스터의 원화들을 협회에 기증하는 대인배의 면모를 보였다.

라미 부부 공방이 들어섰던 마두라 아틀리에Atelier Madoura는 휴일이라 문을 닫았다. 이것까지는 미처 계산하지 못했다. 그나마 다행이라면 철문 너머 마당과 건물이 보인다는 것. 초보 도예가 피카소는 이곳에서 기법을 숙련하며 도자기들을 구웠다. 그리고 생애 마지막 뮤즈를 만났다. 공방에서 견습생으로 일하던 26세의 재클린 로크Jacqueline Roque. 피카소는 72세가 되었고, 프랑수아즈가 불화를 견디지 못해 아이들을 데리고 떠난 후였다. 두 사람은 자유롭게 공식 연인이 되었다. 이제 그들에게는 새로운 둥지가 필요했다.

26

발로리스에서 6킬로미터 북서쪽, 언덕 마을 무쟁Mougins의 시작은 거대한 피카소 청동 두상부터다. 오로지 얼굴 하나에 할애된 크기는 2.4미터 높이에 5백 킬로그램의 무게. 엑스의 세잔 동상과 생폴드모솔의 반 고흐 전신상을 만든 네덜란드 조각가 스테르크Gabriël Sterk의 솜씨다. 질감이 너무나 그럴듯해 코나 귀를 한 번쯤 만져보고 싶을 정도다. 마을은 피카소의 수혜자답게 최고의 명당을 내줬다. 광활한 하늘과 산세가 동상을 360도로 감싼다. 나는 맞은편의 관광안내소로 들어섰다.

"그냥 걸어 다니세요. 저절로 찾게 될 거예요. 그렇게 길 따라 돌다 보면 다시 여기로 나올 겁니다. 워낙 작은 동네라서." 박물관 위치를 물어보는 내게 직원은 애매모호하게 답했다.

팽이가 돌아가듯 골목들이 동글동글 말렸다. 주어진 테마에 맞춰 꾸며진 영화 세트장 같다. 저 아래쪽의 유명 도시, 칸에 온 관광객들에게는 보너스나 다름없다. 반나절이면 실컷 구경하고 먹고 돌아갈 수 있을 테니까. 그러나 무쟁은 '그냥 예쁘다'로 끝나지 않는다. 화랑들은 독특한 그림을 내걸고 식당들은 소문난 음식을 뽐낸다. 거기에 중세의 기운이 가세한다. 옹골찬 요소들을 두루 갖췄다. 윈스턴 처칠과 엘리자베스 테일러, 장 콕토와 에디트 피아프 등 유명인사들이 무쟁 애호가 목록에 이름을 올렸다. 그중에서도 대세는 역시 피카소다.

앙드레 빌레르 사진 박물관Musée de la Photographie André Villers은 골목 어디쯤에선가 쓱 나타났다. 건물 벽에 붙은, 팔짱 낀 피카소 사진 하나가 주소나 다름없다. 박물관이라기보다는 동네 미술관이다. 비좁은 계단참과 통로까지 카메라와 사진들이 다 차지했다. 우연이 인연으로 이어진 두 사람의 합동 결과물이다.

프랑스 사진가 빌레르는 열일곱 살에 골결핵에 걸려 발로리스에서 8년간 요양치료를 받았다. 그러나 전화위복이라고, 이 기간에 사진을 처음 접했고 피카소와도 연이 닿았다. 화단의 거물은 사진 초년병에게 독일제 명품 롤라이플렉스Rolleiflex 카메라를 선사했다. 빌레르는 피카소의 일거수일투족을 관찰하며 부지런히 셔터를 눌렀다.

2층 전시장은 열정적인 사진가와 매력적인 피사체의 만남이다. 웃통 벗은 피카소, 카우보이모자를 쓴 피카소, 맨발의 피카소, 담배를 꼬나문 피카소, 춤을 추는 피카소, 우스꽝스런 피카소, 심각한 피카소. 그 속에서 유난히도 빛바랜 사진 한 장이 눈에 띈다. 담쟁이로 뒤덮인 무쟁의 한 고택古宅이다.

1986년에 세워진 앙드레 빌레르 사진 박물관. 작고 소박한 전시장이지만 내용물들은 알차다. 젊은 사진가와 거장의 특별한 만남은 쉽게 볼 수 없는 명장면들을 낳았다. 일상의 모습과 작업 장면 등 피카소의 말년이 흑백 사진에 고스란히 담겨 있다. 전시장에는 앙드레 빌레르뿐 아니라 다른 사진가들이 찍은 피카소의 사진들도 전시돼 있다.

27

1955년, 발로리스를 떠난 피카소와 재클린은 칸 언덕에 위치한 대저택 칼리포르니에Villa La Californie에서 3년간 거주한다(이즈음 피카소는 아내 올가가 사망하면서 합법적 독신이 되었다). 이후 엑상프로방스의 바위산 중턱, 보브나르그Vauvenargues의 고성으로 이사하면서, '이제야 그의 품으로 왔다. 세잔의 생트빅투아르 산을 통째로 산 기분이네'라고 했던 피카소. 그러나 집이 외지고 웃풍이 세다는 재클린의 불만으로 3년 후 또 떠나야만 했다.

이삿짐을 싸고 푸는 사이, 1961년 3월 2일, 두 사람은 발로리스 시청에서 주민과 지인들이 지켜보는 가운데 조촐한 결혼식을 올렸다. 80세 신랑은 34세 신부를 위해 뭔가 확고부동한 선물을 하고 싶었다. 단단하고 오래 가며 웬만해서 변하거나 흔들리지 않는…. 그즈음 예술가들 사이에서 급부상한 무쟁에 관심이 갔다. 마침 마을 외곽에 위치한 빌라에 초대를 받았다. 자연을 곁에 둔 매력적인 집이었다. 집주인을 설득하고 구입하고 소유자가 되기까지 긴 시간이 걸리지 않았다. 다행히 아내도 이 집을 사랑했다.

부부는 드디어 안착했다. 피카소의 에너지는 나이를 거슬러갔다. 회화와 조각은 물론 낯선 분야인 판화와 풍경화에도 손을 뻗쳤다. 벨라스케스와 고야의 작품도 재구성했다. 그는 여전히 달려가고 있었다. 피카소의 후반 작업을 보러온 미술품 수집가 장 플랑크Jean Planque는 놀라움의 현장을 이렇게 표현했다. "그는 속세를 떠난

무쟁 마을 외곽에 위치한 피카소의 마지막 거주지 '노트르담 드 비'의 입구.

것처럼 보였다. 완전한 창조자였다. 모든 방해물은 차단되었고, 재클린만이 그의 곁을 지켰다." 이때부터 피카소의 집에는 '미노타우로스의 동굴'이라는 별칭이 붙었다. 피카소 그림의 단골 주제인 반인반우半人半牛 괴물에 빗댄 것이었다.

그러나 천하의 피카소도 인간의 생로병사를 거스를 수 없었나 보다. 91세가 되던 해, 스튜디오를 찾은 언론인 피에르 데Pierre Daix: 피카소 전기 작가 앞에서 자화상으로 보이는 드로잉 한 장을 자신의 얼굴 옆에 바싹 대며 말했다. "어떤가, 내 식대로 두려움을 표현해본 걸세." 석 달 후 다시 방문한 피에르 데는 완성작을 볼 수 있었다. 그림 속 모습에는 굵고 둔탁한 연필선이 무섭도록 거칠게 그어졌다. 핑크색 크레용이 얼굴 한쪽을 섬뜩하게 파고들었다. 번쩍 뜬 눈동자는 퀭하고 공허했다. 피카소의 마지막 작품으로 꼽히는 〈죽음에 직면한 자화상〉이었다.

1973년 4월 8일 일요일 새벽 3시. 스튜디오에서 작업을 하던 피카소는 돌연 정신을 잃었고, 몇 시간 후 숨졌다. 92세. 사인은 폐부종이었다. 죽어서 집 앞마당에 묻히기를 원했지만 허가가 나지 않아 엑상프로방스의 고성으로 시신이 옮겨졌다. 세잔을 '미술의 아버지'로 모셨던 그에게는 의미 있는 차선책이었다. 무덤은 현재까지 대중에게 비공개다.2009년과 2010년, 각각 석 달간 저택과 무덤이 일시적으로 공개된 적이 있다.

나무들이 담갈색 돌벽을 에워싼다. 덩그러니 외관만 남은 예배당을 지나 휘휘한 숲길을 걸어가자 공터 한구석에 안내판이 보인

파블로 피카소 1881~1973

Pablo Picasso

◆ "내가 어렸을 때 어머니가 말했다. '네가 만일 군인이 될 거라면 장군이 되어라. 만약 수도자가 될 거라면 교황이 되어라.' 나는 그 대신 화가가 되었다. 그리고 결국 (최고의 거장인) 피카소가 되었다."

스스로 '꿈의 집'이라 불렀던 피카소의 마지막 집은 인가에서 멀리 떨어진, 숲에 둘러싸인 곳이다. 원래 전통적인 농가였던 이곳을 전 주인이 멋지게 개조했고 피카소는 결혼 선물로 이 집을 구입해 아내에게 바쳤다.

다. 낮은 담장 뒤편으로 옆 건물의 측면이 걸쳐진다. 예배당과 동명同名의 '노트르담 드 비Notre-Dame de Vie'라 불렸던 피카소의 거처다. 그런데 쪽문이 열렸다. 나는 주위를 살피며 안쪽으로 발을 디뎠다.

다소곳한 벽돌집과 정원, 푸짐한 올리브나무와 사이프러스나무, 울룩불룩한 회벽과 확 트인 전망. 바람과 햇살이 낙낙하다. 두 사람이 속세를 등지고 안주했을 만큼 유유하다. 좀 더 가까이에서 관찰하려고 건물 쪽으로 발을 떼는 순간 2층 창가에서 인기척이 났다. 아차, 여기는 남의 땅이었다. 고맙게도 곧 커튼이 내려졌고 나는 답례하듯 서둘러 빠져나왔다.

피카소가 죽은 후 재클린은 내내 이 집을 지켰다. 그러나 외로운 사춘기를 보냈던 그녀에게 등받이가 되어 준 남편의 빈자리는 너무 컸다. 점점 피폐해진 재클린은 1986년, 피카소가 죽은 지 13년 만에 권총 자살로 생을 마감했다.

28

칸의 바닷가에 구름이 잔뜩 끼었다. 모래사장의 선탠 의자도 둘둘 접힌 파라솔 곁에서 밤잠을 준비한다. 수평선 너머로 불그스름한 노을이 퍼진다. 저녁 지중해를 감상하려는 이들이 해변에 듬성듬성 자리를 잡는다. 육지 속으로 쑥 들어온 바다가 초승달처럼 둥근 해안선을 만들었다. 칸을 떠나기 직전의 피카소가 저 풍경, 〈칸의 만灣〉을 그려냈었다. 하얗고 푸른 색조로 삐죽하고 낭랑하게. 나는 피카소의 말년 작업들이 좋다. 도자기를 수놓은 아이의 해맑은 얼굴도, 경쾌한 풍경화도, 목탄 위에 피어난 아내의 초상도, 알록달록한 색과 획 그은 선 하나도. 젊어지기까지 참으로 오랜 시간이 걸렸다고 한 노년의 피카소. 인생은 정말 오묘하다.

France

29

르누아르 박물관 Musée Renoir, **카뉴쉬르메르** Cagnes-sur-Mer

15년째 류머티즘에 시달려온 66세의 르누아르는 온화한 기후를 찾아 1907년, 남프랑스로 온다. 중세 마을의 전망 좋은 언덕에 위치한 레 콜레트 Les Collettes 영지를 사들여 집과 스튜디오를 만들었다. 자연의 빛은 푸짐했다. 르누아르는 인상파의 대표 주자답게 야외 스케치를 즐겼다. 불편한 손가락에 지지대를 칭칭 동여맨 채 붓을 잡았다. 1919년 화가는 세상을 떠났고 그의 캔버스와 그림도구, 살림살이와 가구는 박물관의 붙박이 식구로 남아 방문객들을 맞이하고 있다.

피카소 박물관 Musée Picasso, **앙티브** Antibes

1946년, 피카소는 앙티브시로부터 솔깃한 제안을 받는다. 해변과 마주한 중세시대의 고성을 스튜디오로 내주겠다는 것이었다. 거절할 이유가 없었다. 빼어난 전경과 고풍스런 건축물은 그를 여지없이 자극했다. 그리말디성 Château Grimaldi에 머물던 6개월간 〈삶의 즐거움〉을 비롯해 빼어난 작품들을 쏟아냈다. 떠날 때는 답례도 잊지 않았다. 23점의 회화와 44점의 드로잉을 무상으로 기증했다. 이후 마두라 공방의 도자기들이 추가로 확보되면서 1966년, 이곳은 피카소 박물관으로 간판을 내걸었다.

맨 위 르누아르가 사망 직전까지 12년을 보낸 카뉴쉬르메르의 집과 스튜디오. 14점의 원작과 40점의 조각 그리고 당시의 가구와 소품들이 남아 있다.

위 아름다운 해안 도시 앙티브를 대표하는 피카소 박물관. 원래는 중세시대의 고성으로, 피카소는 이곳에 머물며 수많은 작품들을 완성했다.

로사리오 예배당 Chapelle du Rosaire, 방스 Vence

1941년 니스의 한 아파트, 병환으로 몸져누운 마티스 곁에는 젊고 헌신적인 간호사 부르주아 Monique Bourgeois가 있었다. 5년 후 도미니카수도회 수녀가 된 그녀는 마티스를 찾아와 방스의 낡은 예배당 개선 작업을 부탁한다. 77세의 노장은 운명으로 받아들인다. 스테인드글라스 창문과 벽화, 가구와 조명, 제단과 사제복 등 굵직한 장식부터 디테일한 소품까지 4년에 걸쳐 혼신을 다해 제작한다. 가볍지만 강렬하고 간결하지만 거룩한 공간. 로사리오 예배당은 20세기 위대한 종교 건축물 중 하나로 꼽힌다. 크기는 달랑 가로 6미터에 세로 15미터. 작아서 더 대단하다.

매그 재단 미술관 Fondation Maeght, 생폴드방스 Saint-Paul-de-Vence

프랑스 화상이자 미술품 수집가인 에메 매그 Aimé Maeght는 1964년, 생폴드방스의 외각 언덕에 현대미술 전문 박물관을 연다. 20세기 대표 예술가들의 작품이 대거 소장된 이곳은 연간 수십만 명의 방문객이 찾아오는 명소가 되었다. 싱그러운 잔디에서 미로의 유머러스한 조각을 바라보고, 야외 테라스에서 자코메티의 길쭉한 형상과 만나고, 채광 좋은 방에서 샤갈의 〈인생〉을 감상해본다. 도시의 미술관이 줄 수 없는 호사다.

 칸과 니스 Nice의 직선거리는 불과 35킬로미터다. 그러나 파리를 떠나 남쪽에 은신처를 마련한 예술가들은 그 협소한 면적에 무수

맨 위 로사리오 예배당은 마티스가 모든 디자인을 총괄하고 직접 제작했다. 특히 창문의 스테인드글라스에 많은 공을 들였다. 노랑은 태양을, 초록은 식물을, 파란색은 지중해를 표현한 것이다.

위 샤갈과 자코메티 등 거장들의 작품을 전시장 안과 밖에서 만날 수 있는 매그 재단 미술관.

한 점들을 찍어 놨다. 병에 걸려서, 추워서, 전쟁이 나서, 환멸을 느껴서…. 과감히 파리를 등진 그들의 사연은 제각기지만 원하는 바는 같았다. 바다와 숲, 태양과 빛, 평화와 안식이었다. 선배 세대인 르누아르가 먼저 터를 잡았고, 30여 년 후 파리가 나치의 마수에서 헤어날 즈음 피카소와 마티스가 둥지를 텄다. 뒤늦게 도착한 이는 미국에서 돌아온 샤갈이었다. 노년의 세 화가는 선의의 경쟁자이면서 동지였다.

나는 예전에 갔던 르누아르와 피카소 박물관, 로사리오 예배당, 매그 재단 미술관을 이번 일정에서 제외했다. 지난 11년간 위치나 내용이 변했을 가능성은 희박하다. 유적지와 다름없으니까. 대신 한 곳에 집중하기로 했다. 마르크 샤갈Marc Chagall의 이름을 얹고 이 지역 최고의 미관을 자랑하는 생폴드방스. 이번에는 그의 무덤을 잘 찾을 수 있을까.

남 프랑스에서 가장 오래된 중세 마을 중 하나인 생폴드방스의 전경. 높은 언덕 위에 마치 요새처럼 성벽으로 둘러싸여 있으며 그 안에 건물들이 촘촘히 들어찼다. 20세기 들어서는 샤갈을 비롯해 피카소, 사르트르, 이브 몽탕 등의 예술인들이 찾아와 머물면서 유명세를 탔다.

France

30

"매일 아침 6시. 아버지는 유대인 회당에 나갔다. 그곳에서 죽은 자와 다른 이들을 위해 기도했다. 집에 돌아와서는 사모바르Samovar: 러시아의 가정용 가열주전자에 차를 끓여 마신 후 일터로 나갔다. 온종일 노예선 같은 작업장에서 혹독하게 일했다. 어떤 단어로도 아버지의 무거운 짐들을 묘사할 수 없다. 우리의 식탁에는 항상 풍족한 버터와 치즈가 놓였다."

_{샤갈, 자서전 『나의 인생My Life』 중에서, 1960년.}

샤갈은 유대계 러시아인이었다. 1887년, 춥고 가난한 마을 비테프스크Vitebsk: 현재는 벨라루스에 속함에서 9남매의 맏이로 태어났다. 아버지는 청어 상인에게 고용된 잡역부였다. 유대교 아이 샤갈은 러시아제국의 방침에 따라 일반학교에 진학할 수가 없었다. 용감한 어머니는 교장에게 뇌물을 써 아들을 입학시켰다. 고등학생 샤갈은 학교에서 '그림'의 존재를 처음 알았다. 어떻게 배울 수 있는지 같은 반 친구에게 물었더니 이렇게 답했다. "도서관에 가서 책을 찾아봐, 이 바보야! 원하는 그림을 고른 다음 그걸 똑같이 베껴." 샤갈은 그대로 했다. 재밌었다. 어머니에게 청했다. 나는 예술가가 되겠어요. 샤갈의 어머니는 아들을 이해할 수 없었다. 돈을 벌 수 없는 직업에 왜 그리도 흥미를 갖는지. 샤갈은 화실에 나갔다. 혼자 보라색을 사용해 눈총을 받았다. 극빈층 소년은 사진관에서 틈

마르크 샤갈 1887~1985

Marc Chagall

◆ "우리의 인생에는 단 하나의 색깔이 존재한다. 삶과 예술의 의미를 부여하려는 화가의 팔레트 위에서…. 그건 바로 사랑의 색이다."

틈이 보조 일을 하며 용돈을 벌었다. 19세 샤갈은 집을 떠나 상트페테르부르크로 갔다. 당시 러시아 예술계에서 유대인이 살아남으려면 두 가지 대안이 있었다. (유대인임을) 부정하거나 감추거나. 샤갈은 다른 선택을 했다. 자신의 뿌리를 떳떳이 밝혔다. 그럼에도 불구하고 천운을 만났다. 재능을 알아본 교사와 후원자 덕분에 일과 학교를 다 잡았다. 여전히 궁핍했지만 가난은 오랜 친구와 같았다. 청년 샤갈은 모스크바를 거쳐 파리에 입성했다. 입체파가 유행하던 때 그는 역류했다. 색깔을 휘두르고 감정을 드러냈으며 유머를 섞고 영혼을 얘기했다. 빛의 도시에서 외로운 떠돌이가 되었다. 저 하늘을 훌훌 날아 고향으로 가고 싶었다. 낮에는 루브르와 화랑들을 돌아다니고 밤이면 몽파르나스의 다락방에 틀어박혀 이불에 그림을 그렸다. 캔버스 살 돈이 없었다. 러시아 벽촌에서 온 샤갈은 그러나 가슴이 벅찼다. 파리의 자유로운 공기를 사랑했다. 꿈을 이뤘다. 어차피 이방인 신세, 독자적 노선을 걷기로 했다.

유대인이면서 러시아인이었고 또 프랑스인이었던 마르크 샤갈은 어떤 '파'에도 속하지 않았다. 샤갈은 샤갈일 뿐이었다. 뇌리에 파고든 어린 시절의 기억과 비테프스크의 풍경은 그만의 시각적 원천이었다. 유대인이란 사실도 짊어져야 할 운명이었다. 유년 시절의 경험은 그의 삶에 고스란히 스며들었다. 꿈을 꾸듯, 부유하듯, 날개가 달린 듯.

20세기 초의 유럽 예술은 다행히 샤갈의 몽상적 세계를 받아들였다. 시인이자 초현실주의 주창자였던 앙드레 브르통André Breton은 그를 가리켜 '홀로, 은유라는 도구를 쥐고 현대 회화 속에 들어가, 승리의 함성을 만들어냈다'고 했다. 샤갈은 성공했다. 그러나 자유로운 영혼을 지키기 위한 대이동은 30년간 이어졌다. 고향에서는 러시아혁명과 절대주의 예술에 상처받고, 파리에서는 나치를 피해 탈출해야만 했다. 포르투갈 리스본에서 배를 탄 샤갈 가족은 1941년 6월 23일 뉴욕에 도착했다. 히틀러가 동부전선1차 세계대전 때 독일과 오스트리아 동맹군이 러시아군과 대치했던 전선 지휘본부인 '늑대소굴히틀러의 이름인 아돌프는 독일 고어로 '늑대'라는 의미를 지닌다'에 도착한 그날, 샤갈 앞에는 횃불을 든 자유의 여신상이 눈부시게 빛나고 있었다.

미국은 기회의 땅이었다. 후원자가 생기고 전시회도 가졌다. 그러나 아내가 갑작스레 병으로 숨지면서 샤갈은 한동안 붓을 들지 못했다. 전후에 파리로 돌아와 안정적인 삶을 사는 듯했지만 뭔가가 부족했다. 그도 나이가 들어갔다. 날씨에 민감하고 자연이 그리웠다. 1949년, 샤갈은 코트다쥐르에서 여생을 보내기로 결심한다. 피카소는 발로리스 공방에서 도자기에 열을 올리고, 마티스는 방스 성당에 골몰했을 때다. 지중해 곁으로 온 샤갈은 두 번째 아내 바바와 행복한 몽상가로 만수를 누렸다.

생폴Saint-Paul: 생폴드방스의 통칭 입구의 원형도로 옆에 샤갈의 그림 안내판이 아슬아슬하게 보인다. 언덕에 볼록 솟은 촌락을 배경으로 두 남녀가 하늘을 붕붕 떠다니는 〈파란 풍경 속의 커플〉이다. 이쯤

위 생폴드방스 입구로 들어서기 직전, 길옆에 설치된 샤갈 그림 안내판. 샤갈은 마을을 배경으로 특별한 그림 한 장을 남겼다. 1969년에 제작된 <파란 풍경 속의 커플>에서 두 남녀는 파란 하늘 위를 붕붕 떠다닌다. 샤갈만의 상상력으로 탄생한 아름다운 그림이다.

오른쪽 수많은 화랑과 공예 상점들로 가득한 골목길. 화가들이 사랑한 마을답게 색깔들이 넘쳐난다.

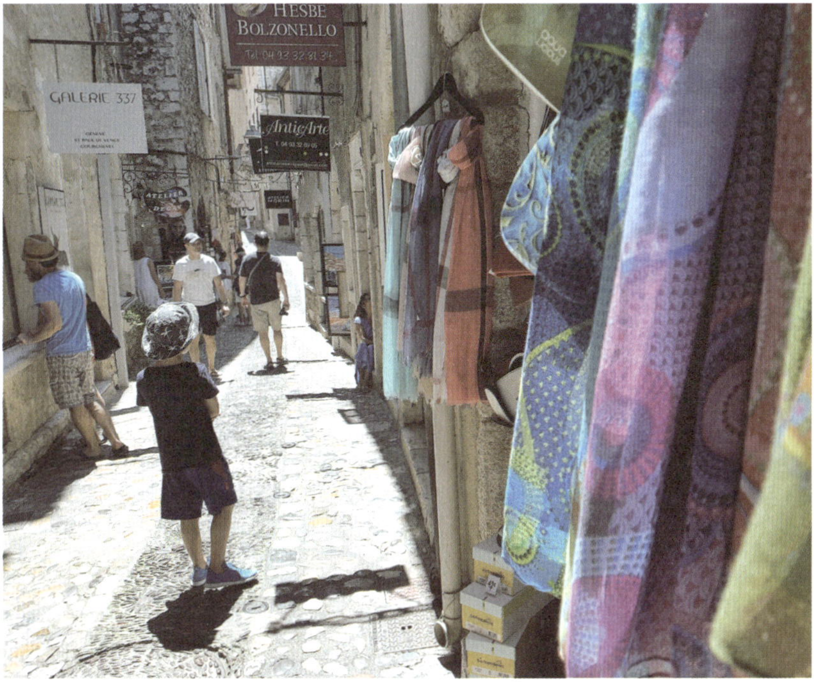
HESBE
BOLZONELLO
GALERIE 337

Cybèle
Atelier d' Artiste

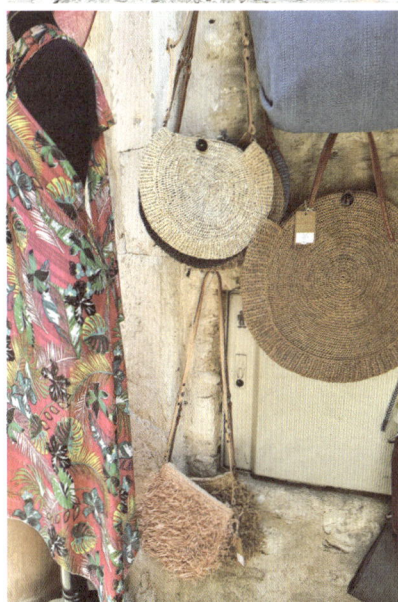

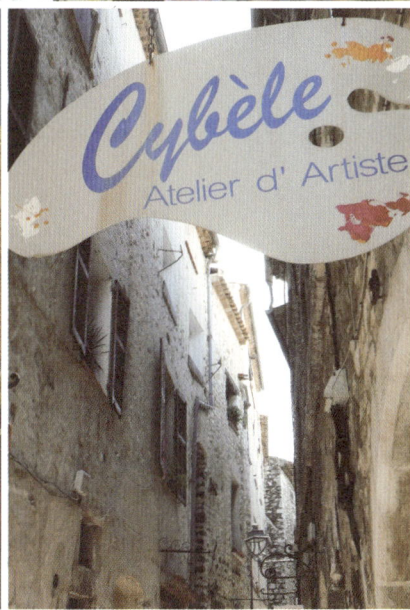

에서 바라봤을까? 여기에 이젤을 세웠을까? 열심히 각도를 맞춰 보지만 세월의 간극보다 더한 장애물은 나와 샤갈의 차이였다. 누가 저런 상상을 하겠는가. 게다가 82세에.

1966년, 샤갈은 방스에서 17년을 살다가 생폴로 이사했다. 숲속의 거처는 현재 사유지라 접근이 안 된다. 그러나 마을로 가는 가르데츠Gardettes와 트리우Trious 길은 화가의 느긋한 산책로였을 것이다. 나는 그의 발걸음을 좇아 올드타운 안으로 들어섰다. 자갈 바닥이 신발 바닥에 자극을 줄 만큼 오톨도톨하다. 양옆에 예쁜 가게들이 줄을 잇는다. 경사진 골목들이 들쑥날쑥 방향을 튼다. 그때마다 전망이 비집고 나온다. 그러나 나의 관심은 남문 끝에 쏠렸다. 저녁 바람이 세차게 불던 날, 어둑해진 공동묘지Cimetière de Saint-Paul-de-Vence 안에서 일일이 묘비명을 확인하다 말고 돌아섰던 나는 내내 아쉬움에 시달렸었다.

오늘은 무덤 위치도 미리 확인했다. 들어가서 우회전 좌회전이라고 했다. 묘지 정문을 통과하고 20초 만에 나는 샤갈의 무덤을 찾았다. 이런! 도대체 예전의 나는 뭘 찾아 헤맨 걸까. 하얀 석관 위에는 팬들의 이름이 새겨진 각양각색의 조약돌들이 한가득 놓여 있었다.

생폴을 떠나면서 윗동네인 방스의 노트르담 드 라 나티비테 대성당Cathédrale Notre Dame de la Nativité에 들렀다. 프랑스에서 '가장 작은 대성당'의 벽면에 샤갈은 가슴 울리는 선물을 남겼다. 모자이크 〈나일강에서 구출되는 모세〉는 별이 잘 드는 예배당에서 은은히 빛났

다. 아흔이 넘은 유대인 화가가 표현한 거룩한 선지자의 모습, 바구니에 담긴 아기 모세였다.

샤갈은 1985년 3월 28일 저녁, 98세로 숨을 거뒀다. 당일 오후까지도 시카고 재활의학센터에서 의뢰받은 태피스트리의 최종 손질을 하던 중이었다. 유럽 모더니즘 미술의 마지막 생존자였던 그는 마티스, 피카소에 이어 파란만장한 삶을 끝냈다. 60대에 조각과 도자기와 벽화 작업에 몰입하고, 70대에 파리 오페라 가르니에의 천장화를 완성하고, 80대에 니스의 샤갈 박물관 오픈을 진두지휘하고, 90대에 스테인드글라스에 정점을 찍었던 샤갈. 평생 영원한 사랑과 성서 이야기를 담아낸 그에게 죽음은 어떤 형상으로 다가왔을까. 어쩌면 눈이 소복이 쌓인 고향집 지붕 위에 걸터앉아 흥겹게 바이올린을 켜는 모습은 아니었을까.

31

나는 '영국인 산책로Promenade des Anglais: 18세기 중반, 영국 귀족들이 겨울의 혹한을 피해 니스로 몰려들면서 이름 붙여진 산책로'를 다시 한번 걷고 싶었다. 11년 전 니스에서 홀로 보내던 열흘. 숙박비가 싸다는 이유로 중심부에서 2킬로미터 떨어진 곳에 아파트를 잡고는 매일같이 걸어 다녔다. 해가 쨍쨍한 날에도, 비 오고 바람 부는 날에도, 컴컴한 밤에도, 버스를 마다하고 걸었다. 그 길에서 사색을 하고, 바다를 바라보고, 벤치에서 쉬기도 하고, 가방 무게가 버거워지기도 하고, 지갑을 잃어버리고, 때로는 설레고 때로는 외롭기도 했다. 귀한 경험이었지만 솔직히 두 번은 그리하고 싶지 않다. 산책로를 즐기는 방법은 여러 가지니까. 이번에는 최고로 번잡한 중심가에 호텔을 잡았다. 혹시 10년 후에 다시 온다면 어떤 선택을 하게 될까.

   니스에 도착하자마자 허기가 밀려왔다. 푸짐한 니스 샐러드와 해산물 파스타를 싹싹 비우고 나서야 바다 생각이 났다. 마세나 광장Place Masséna을 가로질러 분수대까지 왔을 때 T가 앞을 가리키며 말한다. "건물 틈으로 바다가 보이네." 나는 훤한 공간에 눈을 맞추며 걸음을 재촉하려다, 멈췄다. 그때는 없고 지금은 있는, 도저히 피해갈 수 없는 조각상이 앞을 가로막았다. 7미터 높이에 7톤의 무게를 지닌 아폴론 누드상이다.

   1956년 제막식에서 공개가 되자마자 파문을 일으킨 대리석 조

각은 수십 년간 고난의 행진을 거듭했다. 이유는 '완전 나체'라서. 보수적인 가톨릭 여성 단체는 대대적인 항거 운동을 펼쳤고, 주요 부위를 축소시켜 나뭇잎으로 가려봤지만 불만은 해소되지 않았다. 결국 아폴론은 여성 단체의 눈에 덜 띄는, 도시 바깥의 공터로 쫓겨났다. 긴 세월 천대받아온 조각상은 2011년에서야 원래 자리로 복귀했다. 하늘로부터 태양을 운반하는 본연의 임무를 실행하면서. 이제 남녀노소 누구도 그의 벗은 몸을 불편해하거나 조롱하지 않는다. 오히려 인증사진의 배경으로 딱 좋다.

마세나 광장을 통과하자 수평선이 드러났다. 영국인 산책로에 의자들이 일렬로 늘어섰다. 뭐가 달라졌을까. 바다의 보행자 구분선이 없어졌나, 폭이 넓어졌나, 사람들이 많아졌나. 하긴 중요한 일도 아니다. 하늘과 지중해와 편편한 길이 그대로인데. 그새 참혹한 과거사 하나가 보태지긴 했지만.

2016년 7월 14일 밤. 프랑스 대혁명기념일 불꽃놀이가 막 끝났을 때, 산책로의 군중들에게 대형 화물트럭 한 대가 돌진했다. 행인들을 무차별적으로 덮치며 쾌속 질주를 해온 트럭은 잔인한 살상을 저질렀고, 운전자는 경찰에 포위되어 즉사했다. 그러나 86명의 사망자와 458명의 부상자를 낳은, 프랑스 최악의 테러로 남았다. 범인은 튀니지에서 온 니스 거주자로, 이슬람 무장조직은 테러의 배후임을 자처했다. 이날 이후, 영국인 산책로는 긴 치유의 시간을 거쳐 일상으로 돌아왔다. 설렁설렁 걷거나 헐떡이며 뛰고, 바다를 넌지시 바라보거나 연신 카메라 셔터를 누르는 지금처럼. 그

18세기 중반, 영국 귀족들이 겨울을 피해 니스로 몰려들면서 이름 붙여진 '영국인 산책로'. 바다를 끼고 동서로 길게 늘어선 이 길은 총 7킬로미터에 달한다. 걷고 뛰는 사람들부터 자전거족과 인라인 스케이터들까지 다양한 형태의 휴식을 즐기는 이들이 찾는다.

위 1917년 성탄절에 니스에 도착한 마티스가 머물던 호텔 건물. 마티스는 이곳에서 약 5개월간 지내며 여러 점의 그림들을 남겼다. 현재는 개인 거주지로 바뀌었다.

왼쪽 마티스의 1918년 작 <보 리바지의 나의 방>. 창문 너머 지중해의 푸르른 수평선이 보인다. 마티스는 호텔 방에 이젤을 펴고 이렇게 니스의 정취를 담았다.

러고 보니 오늘은 7월 14일, 프랑스 대혁명기념일이다.

 T와 나는 일단 걷기로 했다. 한여름이지만 저녁 바닷바람이 시원하다. 해는 뉘엿뉘엿 저물지만 푸르스름한 하늘이 여명을 뚫고 빛난다. 이래서 니스의 날씨가 좋다. 심지어 한겨울의 이 도시를 사랑한 사람도 있으니, 1917년 성탄절에 도착한 앙리 마티스다. 나는 산책로 맞은편, 연한 핑크색 건물로 다가갔다. 정문에는 '보 리바지Beau Rivage'라는 명판이, 벽에는 '앙리 마티스와 안톤 체호프Anton Chekhov: 러시아 작가가 묵었던 곳'이라는 안내문이 붙어 있다. 주소는 케 데제타Quai des Etats 107번지, 그 당시에는 호텔로 운영되었다.

 파리에 가족을 남겨두고 니스에 며칠 다니러 온 마티스는 좁고 긴 방, 3호실에 여장을 풀었다. 다음 날 아침 커튼을 젖히고 내다본 첫 광경은 (놀랍게도) 음울한 바다와 잿빛 하늘이었다. 부슬부슬 비마저 내렸다. 야외 작업이 불가능했던 그날, 마티스는 창가에 이젤을 놓고 하염없이 밖을 쳐다봤다. 엿새 후에도 그 방에 그대로 눌러앉았다. 바이올린을 켜며 무료함을 달래기도 했다. 눈이 내리던 12월 31일, 호텔에서 마흔여덟 번째 생일을 맞았다. 아내에게 쓴 편지에 '너무 추워서 손에 붓을 잡기가 힘들다'고 했지만, 버티고 또 버텼다. 바다로 향한 창문 하나가 '북쪽에서 온 남자'를 단단히 붙들어 맨 것이다. 그에게는 1월의 빛마저 매혹적이었다.

 해를 넘기고 냉기가 주춤할 즈음, 추레한 방안에 맑은 햇살이 들어왔다. 바다와 하늘이 파랗게 물들었다. 마티스의 묘사대로 '엄청나고 환상적인 블루, 사파이어의 블루, 공작 날개의 블루, 고산

지방 빙하의 블루, 물총새가 융합된 블루'였다. 침대와 안락의자 뿐인 호텔방에서 〈열린 창문으로〉〈보 리바지의 나의 방〉〈창가의 바이올리니스트〉〈니스의 파란 빌라〉 등이 탄생했다. 1918년 5월, 묵고 있던 호텔이 군인 수용소로 징발되면서 기차역 근처로 거처를 옮겼고 이후에도 파리를 오가며 인연을 이어갔다. 2차 세계대전이 한창이던 1940년, 제3국으로의 도피 기회를 마다하고 조국 프랑스에 남기로 결정한 마티스. 은신처는 당연히 니스가 되었다.

산책로가 끝이 없다. 무심코 걸어가던 우리는 어슬해진 밤하늘을 보며 돌아섰다. 내일은 어떤 빛깔의 니스가 기다릴까. 아침에 눈을 떠 커튼을 젖혔을 때 내 눈에는 마티스가 사랑한 그 '청명한 하늘'이 들어오겠지.

마티스의 1918년 작 <창가의 바이올리니스트>. 홀로 시간을 보내기에 적적할 때면 마티스는 창가에 서서 바이올린을 켜기도 했다.

32

밤새 내린 비가 폭우로 변했다. 동이 트고도 한참인 시간, 아직 밤인 줄 알고 늦잠까지 잤다. 내게는 마티스의 예술적 관대함이 없다. 시커먼 하늘에 한숨마저 나왔다. 해나 쪼이며 바닷가에서 어슬렁거리려던 계획을 대폭 수정했다. 이런 날은 미술관 관람이 제격이다. 두 번 보면 어떤가.

국립 마르크 샤갈 박물관 Musée National Marc Chagall의 첫 전시실은 12점의 성서 메시지 연작으로 시작된다. 아담이 탄생하고 이브가 유혹에 넘어가 에덴동산에서 쫓겨나고 모세가 십계명을 받고 아브라함이 세 천사를 맞이하고 제물이 된 이삭이 장작더미 위에 눕고 황야를 떠돌던 야곱이 꿈을 꾸고 노아의 방주에서 사람과 동물들이 살아남는다. 붉은색 파란색 노란색 흰색 초록색으로, 공중을 표류하고 날개가 달리고 머리에 뿔이 솟고 하늘을 날며, 상징과 은유와 유머로 포장된, 샤갈의 아름답고도 사랑스런 종교화다.

두 번째 방은 직사각형의 통로다. 전면에는 유리가, 그 너머에는 얕은 연못이, 야외 벽면에는 모자이크 〈선지자 엘리야〉가 있다. 태양의 신 헬리오스와 구약성서와 태고의 세상이 합쳐진 우주적 공간. 지중해의 생기발랄한 색깔이 이들 속에 스민다. 자유로운 선들이 환상을 부추긴다. 연못에 반사된 무늬가 수면 흐름에 맞춰 출렁인다. 관람자와 모자이크 사이의 물의 여백, 여기까지도 작품이

샤갈의 모자이크 <선지자 엘리야>.

샤갈 박물관의 내부 모습.

다. 샤갈의 의도가 맞다면.

　15번 버스는 두 박물관을 잇는 황금노선이다. 샤갈 박물관에서 북쪽으로 예닐곱 정류장을 지나면 '마티스의 영역'으로 진입한다. 화가의 말년과 사후의 행적까지 품어낸 시미에Cimiez 지역은 바다 대신 숲과 언덕으로 무장한다. 그 틈새에 자존감이 돋보이는 건축물 하나가 서 있다. 호탕한 나무들을 거느린 흰색의 웅대한 자태. 호사스런 장식이 발코니와 기둥을 다 덮었다. 현재는 개인 소유의 맨션이지만 한때 영국의 빅토리아 여왕이 겨울 별장처럼 사용했다는 레지나 궁전Palais Régina. 20세기 중반에는 마티스가 저 건물 안에서 세기의 작업을 펼쳤다. 길 건너 시미에 공원에는 니스에서 탄생된 마티스의 걸작들이 귀하게 모셔져 있다. 17세기의 빌라를 개조해 만든 마티스 박물관Musée Matisse이다.

　종이 오리기Cut-Outs는 병약한 화가에게 최후의 수단이었다. 복부암 수술을 받은 마티스는 서 있기는커녕 붓을 들 여력조차 없었다. 그러나 정신은 점점 더 명료해졌다. 종이, 구아슈Gouache: 아라비아 고무를 섞은 불투명한 수채물감, 가위. 달랑 이거면 됐다. 르 레지나의 스튜디오는 아이들의 놀이터처럼 변했다. 그의 손이 되어줄 조수가 동원되었다. 작업은 일사천리로 진행되었다.
　① 각각의 종이들 위에 구아슈로 다양한 색을 칠한다.
　② 색이 입혀진 종이를 여러 형태로 오려낸다.

마티스의 작업실이 있었던 레지나 궁전(위)과 마티스 박물관 전경(아래).

③ 오려진 색종이들을 바닥에 깔고 특성별로 분류한다.
③ 미리 생각해둔 구성에 맞춰 색종이들을 이리저리 배치한다. 작은 것은 마티스가 직접 재봉질용 핀을 이용해 보드에 붙인다. 휠체어에 앉아서도 충분히 가능하다. 큰 사이즈는 조수가 대신 벽면에 부착한다. 가끔씩 못과 망치가 동원된다.
④ 완성되면 표구에 들어간다. 초기에는 스튜디오에서 직접 했으나, 규모가 커지면서 파리의 전문 표구사가 투입됐다. 그 덕분에 마티스의 신 발명품은 영구 보전이 가능해졌다.

1947년에 첫 발간된 한정판 아트 북 『재즈』는 '종이 오리기'로 꾸민 화가의 삶이다. 민간설화와 곡예사, 즉흥적인 재즈의 음률과 미술의 어울림, 식물과 바다의 색깔, 사랑과 죽음과 신념. 거기에 손 글씨가 더해지고, 생각이 담기고, 여행의 추억이 얹혀졌다. 70대 중반의 마티스는 색종이를 자르고 배치하며 자신의 인생을, 자신이 사랑해온 대상들을 절묘하게 녹여냈다. 1952년 작 〈푸른 누드 IV〉에서는 단색의 편편한 종이들로 입체감과 질감, 신체의 굴곡까지 잡아냈다. 무릎을 세우고 한 손을 올린 여자. 저 간단하면서도 정확한 자세를 만들기까지 얼마나 많은 시도를 해봤을까.

휠체어에 앉은 마티스가 한 손에 가위를 들고 색종이를 오린다. 순식간에 나무이파리가 생긴다. 속도가 점점 빨라지고 종이는 점점 더 쌓이고 조각들은 점점 더 많아진다. 그의 얼굴에 점점 화색이 돈다. 전시실 한편에 마련된 마티스의 작업 과정 동영상이다.

1952년, 종이 오리기로 제작된 마티스의 걸작 <푸른 누드 IV>.

육체적 한계에 부딪힌 화가는 스스로 고안한 새 매개체를 통해 절망을 말끔히 털어냈다.

미술관이 환하다. 천장은 높고 벽은 하얗다. 공간은 열리고 창문들은 시원하다. 니스를 사랑한 화가의 마음이 담겼다. 초기의 조각상과 야수파 시절의 초상화, 니스 호텔에서 바라본 창가 풍경, 로사리오 예배당의 패턴들과 종이 오리기까지. 이들의 소실점이 한 곳에서 만난다. 색. 빛. 자연.

나는 박물관 앞 공원을 가로질러 수도원 뒤편의 시미에 수도원 공동묘지Cimetière du Monastère de Cimiez로 향했다. 빗물에 젖은 자갈밭을 지나 아래쪽 계단으로 내려가니, 언덕마루 공터에 산과 마주한 석관이 보인다. 묘석의 이름마저 뭉개진 거무죽죽한 돌덩이 하나. 앙리 마티스의 무덤이다.

1954년 11월 3일, 마티스는 심장마비로 생을 마쳤다. 마지막 작업은 록펠러 집안이 소유한 미국의 포칸티코 힐스 유니온 교회Union Church of Pocantico Hills의 스테인드글라스 창문 디자인이었다. 그의 침실 벽에는 진행 중인 마케트Maquette: 축소 모형이나 초벌 그림가 걸려 있었다.

그가 사망하기 1년 전인 1953년 8월 25일, 미국의 격주간지 《루크Look》의 예술 섹션에 흥미로운 인터뷰 기사가 실렸다. 여든네 살의 노장 앙리 마티스에게 던진 스무 개의 짧은 질문과 스무 개의 짧은 대답이었다. 그중에는 이런 내용들이 담겼다.

니스의 시미에 수도원 공동묘지에 안치된 마티스의 무덤. 병고에 시달리면서도 로사리오 예배당 프로젝트에 온 힘을 기울였던 그는 말년에 종이 오리기로 세상을 또 한 번 놀라게 했다. 한평생 자연과 색과 빛에 빠져 자신만의 미술 세계를 펼쳤던 마티스. 휠체어에 앉아 가위를 든 채 색종이를 오리고, 긴 대나무에 목탄을 달아 천장에 그림을 그렸던 그에게 노쇠한 육체는 방해가 되지 않았다. 1854년, 여전히 작업을 멈추지 않았던 마티스는 85세의 나이로 세상을 떠났다.

문: 당신의 그림을 아이에게 어떻게 설명하겠는가.

답: 즐겁거나 즐겁지 않거나, 둘 중의 하나라고.

문: 당신의 작품을 더 잘 이해하기 위한 방법이 있다면.

답: 말하지 않겠다.

문: 가장 큰 영향을 미친 화가는.

답: 세잔.

문: 종이 오리기와 그림 중 무엇이 더 중요한가.

답: 둘 다.

문: 젊은 화가에게 조언한다면.

답: 많이 그려라, 그러나 너무 많이 생각하지 말라.

문: 현대 미술이 나아갈 방향은.

답: 빛.

문: 당신의 인생에서 가장 창조적인 시기는.

답: 지금.

Netherlands
Belgium

델프트 Delft
헤이그 Hague
안트베르펜 Antwerpen
브뤼셀 Brussels
겐트 Gent
브뤼헤 Bruges

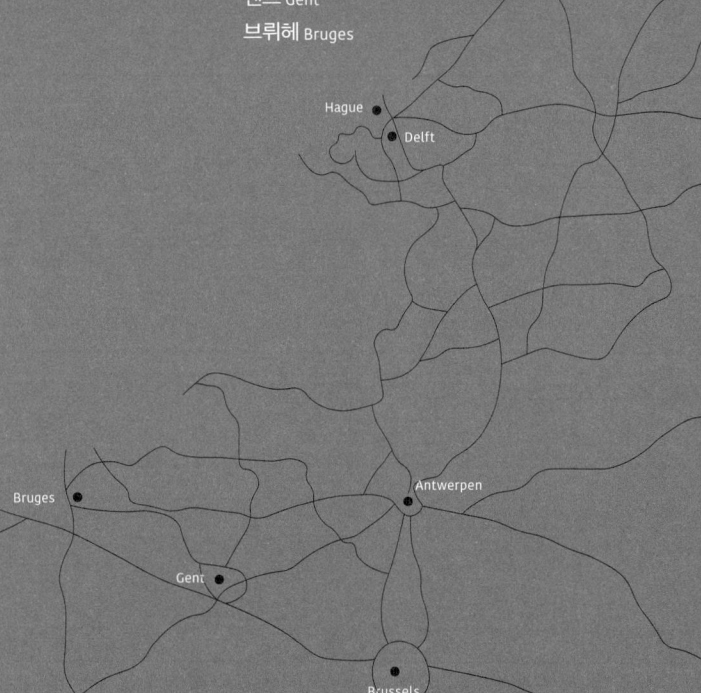

등장 인물

요하네스 페르메이르 Johannes Vermeer, 1632~1675
네덜란드 장르화의 대표 화가. 사후 2백 년이 되어서야 인정을 받았다. 생애에 대해 알려진 바가 거의 없으며 현존 작품 수도 34점 정도로 추산. 주로 네덜란드 중산층의 일상을 그렸다. 그림 전반에 흐르는 은은한 빛의 효과와 세밀한 구도, 사실적이고 차분한 분위기, 황금색과 파란색의 오묘한 조화는 그의 그림을 더욱 신비롭게 만든다.

페테르 파울 루벤스 Peter Paul Rubens, 1577~1640
북유럽 바로크 미술의 거장. 역동적이면서도 강렬한 색감의 바로크 스타일을 추구했으며 초상화, 풍경화와 역사화, 성당의 제단화 등 광범위한 분야에서 대작들을 쏟아냈다. 또한 외교관으로도 이름을 날려 영국과 스페인 왕실에서 기사 작위를 받았으며, 세계 최대의 바로크 공방으로 꼽히는 '루벤스하우스'를 직접 만들어 운영했다.

르네 마그리트 René Magritte, 1898~1967
벨기에 초현실주의 미술의 선구자. 일상적인 오브제를 생경한 상황에 배치함으로써 관람자의 보편적 인식을 바꾸는 작업에 열중했다. 재치 있고 유머러스하면서 생각의 전환을 불러일으키는 그림들은 후에 팝아트와 미니멀리즘 예술에 많은 영향을 끼쳤다. 일러스트레이션, 상업 디자인과 사진, 퍼포먼스까지 다양한 영역에서 활동했다.

얀 반 에이크 Jan van Eyck, 1390에서 1395 사이~1441
15세기 플랑드르 화파의 선구자로 북유럽 르네상스 미술의 대표주자다. 유화 물감을 그림에 사용해 발전시킨 최초의 화가로 불린다. 형 휴베르트와 함께 겐트의 제단화를 제작함으로써 북유럽 미술사에 큰 족적을 남겼다. 또한 작품 <아르놀피니 부부의 초상>은 지금까지도 서양 미술사에 가장 영향력 있는 그림 중의 하나로 손꼽힌다.

33

집들이 다닥다닥 붙었다. 건물의 폭이 좁고 길쭉하다. 벽은 흑갈색이거나 적갈색이다. 창문은 단조롭다. 발코니가 없다. 바다 대신 운하다. 야자수 대신 플라타너스다. 화사함 대신 묵직함이다. 거리 전경에 산과 언덕은 포함되지 않는다. 골목이 가로 세로로 반듯하다. 오르막 내리막길이 없다. 자동차보다 자전거가 많다. 그리고 밤이 되자 (7월 중순에) 두터운 외투를 입는다. 니스에서 1천2백 킬로미터 북쪽. 긴 이동을 거쳐 도착한 네덜란드의 유서 깊은 도시, 델프트 Delft의 첫인상이다.

34

남자는 1632년 10월 델프트에서 태어났다. 10월 31일에 개신교회에서 세례를 받았으니 출생 날짜를 10월 31일로 볼 수도 있겠다. 가족으로는 부모와 누이 한 명을 두었다. 아홉 살 때 부친이 대형 여인숙을 사들이면서 미술품 판매도 겸했지만 살림은 곤궁했다. 태어나 스무 살 때까지는 이 기록이 거의 전부다. 어떻게 살았는지, 친구는 누구였는지, 교육은 받았는지, 성격은 내성적인지 활달했는지, 부모와의 관계는 원만했는지, 델프트를 벗어난 적은 있는지, 무엇을 좋아하고 싫어했는지, 전혀 알 수가 없다. 1652년 부친이 사망하면서 약관의 남자는 가업을 이어받았다. 1653년 4월 5일에는 부유한 가톨릭 집안의 여성과 결혼했다. 문서에 적힌 두 사람의 손 글씨 서명으로 성격을 추정하는 학자들도 있다. 감정을 조심스레 조절하는 남편, 감정을 솔직하게 표현하는 아내로. 그러나 확실치 않다.

이후 개신교도 남자는, (장모의 결혼 조건에 따라) 가톨릭으로 개종했다. 그림 〈가톨릭 신앙의 알레고리〉가 이를 뒷받침한다. 1653년 12월 29일, 남자는 '성 루카 조합Guild of Saint Luke: 중세 이후 유럽의 화가조합에 주어진 명칭. 사도 루카는 화가들의 수호성인'에 가입했으며 입회비를 제때에 내지 않았다. 어려운 재정 상태가 이유였을 것이다. 결혼 후 장모 집으로 들어간 남자는 아내와의 사이에 15명의 아이를 두었다. 그중 4명은 영아 때 죽었고 11명의 아이가 살아남았다.

요하네스 페르메이르 1632~1675

Johannes Vermeer

◆ "페르메이르는 '태양의 화가(밝고 대중적인 화가)'가 아니다. 오히려 그 반대인 '달의 화가'다. 달의 예술은 선하고 순수하며 사실보다 더 사실 같을 수 있는, 예술의 마지막 단계다."

페르메이르의 글이나 서신은 현재 알려진 게 아무 것도 없다. 위의 내용은 20세기 초의 미국 화가인 아실 고르키(Arshile Gorky)가 페르메이르에 대해 쓴 글의 일부다.

남자는 화가다. 그러나 언제부터, 어떻게, 왜 그림을 시작했는지는 모른다. 미술에 대한 생각이나 훈련 과정 또한 전혀 알려진 바 없다. 만일 도제 교육을 받았다면 누가 스승이었을까. 렘브란트의 수제자로 델프트에 이주해온 파브리티우스Carel Fabritius? 아니면 델프트 토박이 화가인 브라머Leonaert Bramer? 미술 사가들의 합리적 추정이다. 어쩌면 부친이 취급하던 미술품들을 보며 독학했을 수도 있다.

1662년부터 9년간 남자는 화가조합의 수장에 네 차례나 선출되었다. 이 사실은 그가 '인정된 명장'임을 증명한다. 그러나 작업 속도는 느렸다. 20여 년간 결과물은 채 50점이 안 된다(그중 34점만 현존한다). 이 부분에서도 여러 해석이 있다. 첫째, 거둬야 할 식솔이 너무 많아 창작에 매진하지 못했다. 둘째, 그림 외에 돈 버는 일을 겸했다. 셋째, 조합 일이 많았다. 넷째, 작업 방식이 아주 꼼꼼했다. 다 아닐 수도, 다 맞을 수도 있다.

남자의 그림에는, (단색조를 선호하던) 다른 화가들과 달리 빨강, 노랑, 파랑 등의 색조가 입혀졌다. 고가의 청금석靑金石으로 만든 울트라마린Ultramarine 안료도 사용되었다. 델프트에 닥친 경제 위기에도 남자는 지속적으로 자연산 청금석 안료를 구했다. 대체 누가 도왔을까? 그렇다면 후원자는 누구일까?

1663년, 델프트를 방문한 프랑스 외교관이자 여행가였던 몽코니스Balthasar de Monconys는 지역 화단의 유망주에 관심이 많았다. 그는 지인의 소개로 남자를 만났다. 그리고 8월 11일 자 일기에 당시 상황을 짧게 적었다. 화가의 스튜디오에 갔으나 봐야 할 그림이 하나도 없었다고. 3년 후 몽코니스의 여행기가 출간되면서, 수수께끼 남자를 직접 대면하고 기록에 남긴 유일한 사람이 되었다. 어쨌든 남자의 외모는 정확히 알려지지 않았다. 제작 연도가 정확한 세 작품 중 하나인 〈뚜쟁이〉에서 왼편의 악사가 그일 것이라는 추론이 있다. 그렇다면 이 그림 속 얼굴이 지금까지 남아 있는 단 하나의 자화상인 셈이다. 연도를 따져보면 1656년, 24세 때다.

남자가 한창 작업하던 기간에 델프트는 최악의 상황을 맞았다. 1654년 10월 12일, '델프트 대참사'가 벌어졌다. 창고에 저장된 30톤의 화약이 폭발하면서 천여 명의 사상자가 발생했다. 1660년대에는 살인적인 역병이 휩쓸고 갔다. '재앙의 해'로 불리는 1672년에는 프랑스 군대가 네덜란드를 공격하면서 공황 상태에 빠졌다. 남자는 아마도, 몹시 고단한 삶을 보내고 있었으리라. 1675년 여름에는 암스테르담의 실크 상인에게서 장모 집을 담보로 1천 길드를 빌렸다. 그리고 그해 12월 15일, 평생 델프트 밖을 나가본 적이 없다고 여겨지는 43세의 남자는 짧은 병고 끝에 사망했다.

남자의 이름은 요하네스 페르메이르 Johannes Vermeer였다.

35

만일 운하 옆에 바싹 세워둔 자동차가 없었다면, 만일 현대식 의상을 입은 행인들이 없었다면, 나는 이른 아침의 델프트 거리에서 17세기를 연상했을 것이다. 오랜 건물들은 긴 보살핌 끝에 본연의 색을 지켰다. 새 가옥들도 과거의 향취에 정성껏 다가갔다. 반질한 돌바닥은 부침 많은 세월에 잘 버텨줬다. 주민들이 그 속에서 하루를 보낸다. 관광지보다는 거주지고, 도시보다는 동네다. 타박타박 걷기 좋을 만큼 여유롭고, 잡념이 쏙 빠져나갈 만큼 가뿐하다. 아기자기한 가게들은 기념품과 그릇들을 내세우고, 문턱 낮은 식당들은 소담한 음식을 차린다. 샛길 같은 운하는 걷는 내내 곁을 지킨다.

천 년을 이어온 도시, 그 속에서 한 남자가 짧게 살다 갔다. 다른 이들처럼 한 번 왔다 간 인생으로, 그렇게 묻히는 평범한 존재였다. 그러나 사후 2백 년, 남자의 그림이 세상 밖으로 나왔다. 깊은 명암과 그윽한 톤으로 물들여진 아름다운 그림들이.

프랑스의 미술 비평가 테오필 토레뷔르거Théophile Thoré-Bürger는 1842년, 헤이그Hague의 마우리츠호이스Mauritshuis 미술관에서 인상적인 그림 한 점을 본다. 2세기 전의 화가가 그린 〈델프트의 풍경〉이다. 대체 페르메이르가 누구일까. 왜 여태 몰랐을까. 그의 궁금증은 화가의 아리송한 배경에 빠져들수록 더 깊어졌다. 20여 년간 집요하게 자료를 찾아다닌 끝에 1866년, 프랑스의 저명한 미술 전문지인《가제트 데 보자르Gazette des Beaux-Arts》에 페르메이르의 전작 도록Catalogue Raisonné: 특정 미술가의 모든 작품을 시대와 주제별 등으로 분류 정리한 목록을 실었다.

'요하네스 페르메이르'라는 이름이 수면을 치고 올라왔다. 미술학자들의 호기심이 발동했다. 전문가들은 앞다퉈 다양한 해석들을 내놨다. 개인 수집가와 박물관들은 방방곡곡에 숨겨진 그림들을 찾아내느라 혈안이 되었다. 너도나도 이게 진품이라며 드밀었다. 위작이 성행하고 (위작인지 원작인지 모를) 작품들이 비싸게 팔려나갔다. 2백여 년간 홀대만 받아온 그림들이 이제는 쉽게 소유할 수 없는 희귀품이 되었다. 하지만 남자의 삶은 여전히 미스터리다. 분명한 사실은 델프트와의 연결고리다. 최소한 이곳에서는 그의 존재를 확인할 수 있으니까. 나는 마르크트Markt 광장으로 향했다. 남자의 시작은 거기부터다.

생가 Birthplace

1632년, 페르메이르가 태어난 이 자리에서 부친은 여인숙을 운영했다. 현재도 숙박업소다. 주인은 바뀌었지만 그때와 동일한 상호인 '날아다니는 여우Vliegende Vos, Flying Fox'가 그대로 사용된다. 마르크트 광장 뒤편에 있다. 주소: Voldersgracht 25.

메헬렌 하우스 Mechelen House

페르메이르가 9세 때 그의 가족은 생가에서 백 미터 떨어진 이곳

으로 이사했다. 부친은 좀 더 규모가 큰 여인숙과 미술품 가게를 열었다. 한때는 생가라고 오인되어 기념 명판이 세워지기도 했다. 현재는 공예품 가게가 들어섰으며, 상호는 어쨌든 '페르메이르의 집House of Vermeer'이다. 주소: Markt 52

신교회 Nieuwe Kerk

15세기 말에 세워진 고딕 양식의 개신교회. 맞은편의 시청과 더불어 광장의 대표 건축물이다. 1632년 10월 31일, 페르메이르가 이곳에서 유아세례를 받았다. 당사자를 제외한 그의 가족(조부, 부모, 아내, 누이) 대부분이 묻혔지만 교회 안에 별다른 표시는 없다.

페르메이르 센터 Vermeer Centrum

17세기경, 성 루카 화가조합이 있던 건물이니 어쩌면 페르메이르가 부지기수로 드나들었을 곳이다. 지금은 일종의 홍보센터다. 화가의 흔적을 세심하게 설명한 안내책자도 구할 수 있다. 전시장에는 〈우유 따르는 하녀〉〈뚜쟁이〉〈기타 연주자〉〈골목길〉〈델프트의 풍경〉〈진주 귀고리 소녀〉 등, 양질의 복제품들이 관람자를 만족시킨다. 그래도 원작에 대한 갈증이 압박해온다면 암스테르담이나 헤이그의 미술관을 찾아가는 게 좋겠다.

어떻게 살았을까? 어떻게 그렸을까? 어떤 기법을 사용했을까? 고고학자, 미술 전문가들의 고증을 통해 페르메이르의 공간이 재현됐다. 그림도구와 생활용품들, 창가와 스튜디오까지. 장르화

시계 방향으로 페르메이르의 생가, 유년시절을 보냈던 메헬렌 하우스, 유아세례를 받았던 신교회.

Genre Painting: 실내에서 벌어지는 평범한 사람들의 일상을 묘사한 풍속화. 17세기 네덜란드에서 성^행의 대가라 불리는 페르메이르. 그의 독창적인 색감과 입체적인 구도는 빛으로 다져진 원근법의 결실이다. 그림 〈음악 수업〉이 걸린 벽면에는 치밀한 분석을 토대로 이런 설명이 적혔다.

> '페르메이르는 캔버스 가운데에 수평선을 긋고 중간에 소실점을 만들었다. 그는 실내의 탁자, 창문, 벽에서 출발한 시선들이 한곳으로 모인다고 믿었다. 때로는 복수의 소실점을 사용했다. 3차원 효과로 유명한 타일 바닥이 그 예다. 타일 선을 따라 시선을 이동하면 프레임 바깥의 소실점에 다다른다. 그림 중앙에 핀을 꽂은 후 긴 끈과 분필을 동원해 각각 양쪽을 연결해 만든 것이다. 놀랍게도 그의 몇몇 그림에는 이런 핀 구멍이 남아 있다.'

다른 방에서는 유머러스한 인물사진들이 기다린다. 네덜란드 사진가 시켄크^{Carolien Sikkenk}가 시도한 〈진주 귀고리 소녀〉의 현대판 패러디다. 진주 귀고리를 한, 제각각의 인종, 피부, 연령대의 여자들(때로는 남자들)이 머리에 푸른색의 '무언가(두건, 모자, 머리띠, 우산, 안경, 스카프)'를 쓰고 똑같은 자세를 취했다. 구석진 창가에는 '포토 존'이 마련됐다. 누구든 그림의 모델인 우유 따르는 하녀, 지리학자와 천문학자가 될 수 있다. 비록 진짜 그림, 진짜 유품, 진짜 기록물은 없지만, 관람 내내 그와의 교감이 이뤄진다. 진짜처럼.

17세기경, 성 루카 화가조합이 있던 건물에 마련된 페르메이르 센터. 델프트에서 태어나 이곳에서 한평생을 보낸 화가의 모든 것들을 일목요연하게 보여준다. 그 시절의 가구와 풍습, 품질 좋은 복제품부터 그림의 자세한 분석까지 페르메이르의 미술 세계를 다양하게 조명한다.

거주지 Residence

현재의 모습은 19세기 말에 세워진 예수회 마리아 성당Maria van Jessekerk이다. 17세기에는 이 터에 세 채의 가옥이 존재했다. 그중 하나가 페르메이르의 장모 집이고, 옆집은 예수회가 운영하는 하우스 성당Clandestine Church: 종교개혁 이후 개신교가 우세한 지역에서 소수집단인 가톨릭 신자들을 위해 마련된 은밀한 예배 공간이었다. 페르메이르는 거리가 내려다보이는 꼭대기 다락방을 스튜디오로 사용했으며 아내와 11명의 아이들, 장모와 함께 살았다. 다른 작품들과 확연히 다른 주제인 〈가톨릭 신앙의 알레고리〉는 (아마도) 장모가 이웃인 예수회를 연결한 것으로 보인다. 주소: Burgwal 20

골목길 Little Street

2015년, 암스테르담 대학교 인류학과의 프레자하우트Frans Grijzenhout 교수는 여러 기록물을 면밀히 조사한 끝에, 풍경화 〈골목길〉의 배경을 현재 플라밍 거리Vlamingstraat 42번지로 결론지었다. 그림 속 오른편 집은 그 당시 화가 고모의 거주지다(어머니와 누이는 운하 건너편에 살았다). 허름한 돌벽과 나무 문의 외관은 이제 반지르르하게 윤기가 흐르지만 옆집과의 빽빽한 틈은 그대로다. 효과를 드높이기 위해 여인의 이미지를 그대로 표현한 그림 패널이 골목길 앞면에 설치되었다. 시야를 가리는 자동차만 없었다면 거의 완벽할 뻔했다.

맨 위 페르메이르가 결혼한 후 거주했던 건물 자리. 지금은 성당으로 바뀌었다.
페르메이르 작품들 중 실내가 배경인 그림들은 대부분 이 거주지의 작업실에서 이뤄졌다.

위 그림 <골목길>과, 그림의 실제 배경으로 알려진 플라밍 거리.

위 페르메이르의 무덤이 있는 구교회의 실내. 43세로 세상을 떠난 화가의 마지막 흔적이다.

아래 왼쪽 페르메이르의 단골 빵 가게가 있던 곳. 지금은 평범한 건물이지만 그 시절 빵 가게 주인은 화가의 작품을 소장하기도 했었다.

아래 오른쪽 13세기에 세워진 구교회의 외관.

빵 가게 Bakery

현재는 평범한 회사 건물이지만 17세기에는 빵집이 들어섰다. 가게주인 바우튼Hendrick van Buyten은 주머니 사정이 여의치 않은 화가에게 외상으로 빵을 주곤 했다. 페르메이르가 죽은 후 미망인은 빚 탕감을 위해 그림 두 점을 내놨고, 바우튼은 죽는 날까지 작품들을 지켰다. 페르메이르가 재조명되면서 한때 소장자였던 그의 이름도 급부상했다. 주소: Koornmarkt 31

구교회 Oude Kerk

1246년에 세워진, 이름 그대로 오래된 개신교회다. 75미터에 달하는 탑이 현저하게 기울었다. 멀리서 보면 피사의 사탑 축소판 같다. 파이프오르간과 아치 기둥들, 스테인드글라스 창문의 실내가 웅장하다. 그 한가운데, 방문객들의 시선이 아래로 쏠린다. 돌바닥에는 희미한 글자가 새겨졌다. *JOHANNES VERMEER, 1632~1675*. 한창나이에 세상을 떠난 43세의 화가는 여기에 묻혔다. 자세한 사망 원인은 밝혀진 바 없지만, 남편이 죽은 후 채권자들에게 보낸 아내의 청원서에는 이런 내용이 담겼다.

"프랑스와 처참한 전쟁을 벌이는 동안 남편은 한 점의 그림도 판매할 수가 없었어요. 우리에게는 엄청난 손실이었습니다. 그는 아이들 양육의 무거운 짐을 떠맡게 되었죠. 매일매일 피폐해져 갔습니다. 가슴에는 격노와 광기가 가득했지요. 건강하던 사람이 하루 반나절 만에 죽음에까지 이른 겁니다."

힘겹게 삶을 지탱했던 그는 먼 훗날, 방구석에서 그려낸 자신의 그림들에 거액이 오고갈지, 예상이나 했을까.

델프트의 거리가 그의 환영으로 뒤덮였다. 건물 벽과 가게 쇼윈도와 식당의 메뉴판까지. 혹독한 생활고에 시달리던 화가는 자신의 고향에 두둑한 선물을 안기고 떠났다. 물론 그것이 선물이었음을 주민들이 깨닫기까지는 수백 년이 걸렸지만.

나는 암스테르담의 레이크스 박물관Rijksmuseum에서 하염없이 바라봤던 〈우유 따르는 하녀〉와 〈골목길〉이 떠올랐다. 온종일 입안에서는 그의 이름이 맴돌고, 눈앞에서는 그의 이미지들이 숱하게 스쳐갔으니, 이제는 진짜 그림을 봐야 할 때다. 호텔로 돌아가면서 푸른 두건의 소녀가 그려진 컵 받침을 샀다. 오늘만큼은 흔한 기념품 하나가 기쁨을 준다. 어쨌든 소유하는 거니까.

36

델프트에서 출발한 전차가 천천히 움직인다. 10킬로미터 떨어진 헤이그를 오가는 데는 최적의 교통수단이다. 델프트보다 약간 북쪽에 위치한 탓일까. 도심에 내리자 찬 기운이 몰아쳤다. 잿빛 하늘과 침침한 건물들까지 합세했다. 관광객의 특권인 어슬렁어슬렁 걷기가 영 어울리지 않는다. 나는 곧바로 마우리츠호이스 미술관으로 향했다.

입구에는 사후 350주년을 맞은 렘브란트의 기획전 현수막이 펄럭인다. 암스테르담에서의 아쉬움이 기대로 바뀐다. 불후의 명작인 〈야경〉과는 만났지만 그의 첫 문제작은 볼 수 없었다. 암스테르담에 막 입성한 26세의 렘브란트. 그에게 성공의 청신호를 켜준 〈니콜라스 튈프 박사의 해부학 강의〉는 마우리츠호이스의 최애 소장품이다.

8명의 의사가 시신을 둘러쌌다. 가위를 든 튈프 박사가 막 왼팔을 절개한다. 17세기에는 해부학 강의가 일종의 '공개된 퍼포먼스'였다. 의사들은 중앙에 설치된 무대 위에 오르고 (그림에는 보이지 않지만) 객석에 앉은 관중들이 흥미롭게 지켜본다. 외과의사 조합에서 의뢰받은 이 작품도 실제를 바탕으로 묘사했다. 등장인물들은 위치와 비중에 따라 화가에게 지불한 금액이 달랐을 테고, 단체 초상화를 맡은 렘브란트는 그에 맞춰 구성을 고려했을 것이다. 시신은 당시의 관습대로 막 처형된 범죄자다. 이렇게 유용하게 쓰임

왼쪽 암스테르담 화단에 막 입성한 젊은 렘브란트를 성공의 길로 이끈 첫 문제작 <니콜라스 튈프 박사의 해부학 강의>. 실제 상황을 바탕으로 리얼하게 묘사한 이 작품은 렘브란트의 트레이드마크처럼 된 명확한 명암대비가 돋보인다.

으로써 사후에라도 개과천선의 기회를 갖게 해주겠다는 취지다. 물론 고인의 의지와는 관계없다. 뚜렷한 명암대비, 인물들의 현실감, 안정된 구도는 일약 젊은 렘브란트의 이름을 널리 알리는 데 기여했다. 예측이라도 한 걸까. 시신의 배꼽에 'R'이라는 이니셜이 슬며시 드러난다.

렘브란트 특별 전시장은 바로크 시대 귀족의 응접실 같다. 우아한 실크 벽지와 어슴푸레한 실내, 아련한 한줄기 조명. 18점의 작품들이 묵직한 감동을 준다. 일찌감치 부와 명예를 거머쥔 화가는 잇따른 비극적 가족사가 겹치면서 말년에 불행한 독거노인이 된다. 그러나 사망한 해(1669년)에 그린 마지막 자화상은 어느 때보다 강렬하다.

이외에도 29세에 요절한 포테르Paulus Potter의 기념비적인 동물화 〈황소〉, 빛과 어둠의 결정판인 루벤스의 〈촛불을 든 노인과 소년〉, 네덜란드 인물화의 교과서라 불리는 프란츠 할스의 〈웃는 소년〉 등이 미술관의 품격을 높인다. 알짜배기 소장품들을 지나면 드디어 페르메이르의 세 작품과 만나게 된다. 신화 속 여신을 묘사한 〈디아나와 님프들〉, 프랑스 소설가 프루스트가 '세상에서 가장 아름다운 그림'이라고 극찬한 〈델프트 풍경〉, 그리고 그의 뒤늦은 명성에 결정타를 날려준 〈진주 귀고리 소녀〉다.

1881년 헤이그의 노트리스Notaries 경매장. 때가 더덕더덕 묻은 작은 그림 한 점이 진열대 위에 올라왔다. 모두가 시큰둥한 가운데

두 미술 전문가가 유독 관심을 보였다. 막역한 친구 사이인 스튜얼스Victor de Stuers와 톰베Arnoldus des Tombe였다. 그림의 상태는 너무나 비참했지만 스튜얼스는 대번에 페르메이르의 작품임을 알아차렸다. 그러나 먼저 입찰가를 부른 친구를 배려해 한 발짝 물러났고, 꼭 구매하도록 조언까지 했다. 무자비한 해외 방출을 막기 위해서였다. 톰베는 특별 할인가 2길더(현재 시세로 약 30유로, 한화로 약 4만 원)와 수수료 30센트라는 헐값을 내고 구입했다. 1년 후에는 복원 전문가에게 맡겼고, 그 과정에서 'IVMeer'라는 서명이 발견됐다.

 1902년, 죽음을 앞둔 톰베는 딱히 상속인이 없어 마우리츠호이스에 그림을 기증했다. 그의 우연한 구매와 필연적인 선택으로 네덜란드는 보물 하나를 지킨 셈이다. 이후 마우리츠호이스는 50여 년에 걸쳐 최고의 전문가들을 동원해 상처를 치료하고 얼룩을 지우고 윤기를 입히면서 복원을 진행했다. 2백 년간 애처로이 방치된 '진주 귀고리 소녀'는 이렇게 새 생명을 얻었다.

 가로 39, 세로 44.5센티미터. 종종 비교되는 레오나르도 다 빈치의 〈모나리자〉보다 더 작다. 모델이 누구인지, 정확한 연도는 언제인지, 작가의 의도는 무엇이며 어떤 에피소드가 담겼는지, 물론 알려진 바 없다. 대략 1665년경, 페르메이르가 33세 때 그렸을 거라 추정할 뿐이다. 영화 〈진주 귀고리 소녀〉도 그래서 1665년 델프트를 배경으로 한다. 간혹 극 중 캐릭터에 너무 동화된 나머지 하녀와 화가의 아리송한 관계를 사실로 받아들일 수도 있겠지만, 영화는 영화다.

파랑과 황금색 터번. 흰색 깃이 달린 황금색 드레스. 반짝이는 진주 귀고리. 유럽 소녀의 이국적인 옷차림. 연한 피부색과 검은색 배경. 살짝 벌어진 입술. 온화한 자세. 영롱한 눈동자. 어깨 쪽으로 지그시 돌린 얼굴. 그윽한 표정.

"페르메이르는 빛 속의 은빛이고 어둠 속의 진줏빛이다. 그가 유난히 좋아하는 노랑과 파랑의 보색은 결코 어색한 법이 없다. 가장 옅고 미미한 빛깔부터 가장 힘찬 빛깔까지 극단적인 색조를 잘 어우러지게 한다. 빛, 힘, 세련, 다채로움, 기묘함…."

미술 평론가 토레뷔르거는 자신이 세상 밖으로 끄집어낸 화가에게 칭송을 아끼지 않았다. 신비한 화가가 그린 신비의 소녀는 일대 파문을 몰고 왔다. 호기심이 대중적 인기에 한몫했을 수도 있다. 그러나 어쩌랴. 나 역시 쉽게 발길을 돌리지 못하니. 과연 저 눈빛과 매혹적인 자태에 빠져들지 않을 이 있겠는가.

37

델프트에 돌아와 느지막한 저녁에 산책을 나갔다. 여행 중에 가장 좋아하는 일상이다. 속속들이 익숙한 내 동네가 줄 수 없는, 낯섦의 재미다. T와 나는 도시의 남쪽, 운하가 강처럼 넓게 퍼지는 델프트지흐트Delftzicht 광장까지 갔다. 선착장 앞에 다다르자 수평선이 눈앞에 펼쳐졌다. 그림 속의 나룻배가 유람선으로, 고운 모래사장이 돌바닥으로, 칙칙한 성곽이 매끈한 가옥으로 바뀌었지만, 그래, 당연하다. 350년이 흘렀으니까. 그러나 여전히 물결은 잔잔하고 집들은 가지런하면 하늘은 온순하다. 내가 만난 21세기의 '델프트 풍경'이다.

페르메이르의 아름다운 풍경화 <델프트의 풍경>과, 그림의 실제 배경이 된 델프트지흐트 광장에서 바라본 현재의 풍경.

Netherlands
Belgium

38

안트베르펜Antwerpen 중앙역이 출렁인다. 짐짝만 한 배낭을 짊어진 커플이 전열을 가다듬는다. 히잡을 쓴 아랍 여인은 아이들을 이끌고 바닥 한편에 주저앉는다. 유모차를 간신히 들어 올리는 젊은 부부, 유니폼을 입은 한 떼의 학생들. 실내에서는 안내방송이 줄기차게 흘러나오고 매표소 앞은 긴 줄로 부산스럽다. 1905년에 완공된 기차역이 방대한 돔과 번쩍이는 장식물들을 뽐낸다. 나는 수려한 건축물을 감상할 새도 없이 떠밀리듯 빠져나왔다.

2시간 만에 국경을 넘었다. 그리고 2시간 만에 17세기를 또 다른 방식으로 살다간 화가의 땅에 발을 디뎠다. 고향을 벗어난 적이 없는 남자와 유럽 전체가 고향이라고 외쳤던 남자. 삶의 기록이 묻혀버린 수수께끼 인물과 일거수일투족이 알려진 유명인사. 집 안에서 일상을 그려낸 풍속화가와 거대한 공방에서 대서사시를 표현한 역사화가. 요하네스 페르메이르의 반대 요소들만 나열하면 답이 나온다. 네덜란드와 국경을 맞닿은 벨기에의 안트베르펜. 이 도시의 예술적 자부심은 한 명의 화가로 압축된다. 플랑드르 바로크 미술의 전설, 페테르 파울 루벤스Peter Paul Rubens다.

루벤스는 하마터면 세상에 나오지 못할 뻔했다. 칼뱅교Calvinism: 종교개혁 이후의 개신교파 중 하나 신도인 부친 얀 루벤스는 안트베르펜의 재판관으로 일하던 중 가톨릭 통치세력의 박해가 심해지자 가족을

페테르 파울 루벤스 1577~1640

Peter Paul Rubens

◆ "나는, 신이 내게 영감을 주기를 바라면서 홀로 서 있는, 낡아빠진 붓을 든 한 남자일 뿐이다."

데리고 독일 쾰른으로 피신했다. 그곳에서 오라녜 공 빌렘 1세네덜란드의 초대 세습총독의 부인인 작센의 안나 공주 법률 고문을 맡는다. 자연스럽게 불륜 관계에 빠진 두 사람은 곧 들통이 나고, 얀 루벤스는 사형 선고를 받는다. 그러나 아내의 지고지순한 관용과 청원 덕분에 겨우 목숨을 부지한다. 옥살이를 끝내고 4년 후인 1577년, 부부의 여섯 번째 자식인 페테르가 태어났다. 루벤스의 도시 안트베르펜은 그의 어머니에게 톡톡히 신세를 진 셈이다.

원래 가톨릭 신자였던 어머니는 남편이 사망하자 아이들을 데리고 안트베르펜으로 돌아왔다. 어린 루벤스는 백작부인의 시동으로 들어가 귀족의 기품과 매너, 다양한 언어 습득의 기초를 다졌다. 어머니는 빡빡한 살림에도 아들을 라틴어학교에 보냈고 미술 도제교육까지 받게 했다. 지역 화단의 명장인 오토 반 벤Otto van Veen의 공방에 들어간 17세의 루벤스는 이탈리아 유학파인 스승으로부터 르네상스 원리와 역사화의 상징성, 알찬 인맥까지 모두 이어받았다. 화가조합에 가입해 마스터 자격을 따낸 후에는 이탈리아로 진출했다.

첫 목적지인 베네치아는 황홀한 색채를 선사했다. 산마르코 대성당의 황금 지붕은 심장이 뛰도록 번쩍거렸다. 루벤스는 티치아노와 틴토레토의 작품을 직접 보면서 그동안 자신이 얼마나 우물 안 개구리였는지 깨달았다. 이때 두 번째 후원자가 될 빈첸초 곤차가Vincenzo Gonzaga 공작을 만나게 된다. 북쪽에서 온 젊은이의 빼어난 예술성과 방대한 지식, 라틴어 능력은 곧바로 공작의 호감을 샀다.

든든한 재정적 배경을 안고 피렌체와 로마 여행길에 오른 루벤스는 그리스와 로마의 고전, 르네상스 기법들을 살뜰히 습득한다. 비슷한 세대인 카라바조와도 친분을 나눈다. 이탈리아에 머문 8년간 왕족, 귀족, 교황청, 성당 등 격조 높은 클라이언트를 상대로 귀한 경력을 쌓는다. 또한 곤차가 공작의 '선물 전달' 임무를 받아 스페인 국왕까지 만난다. '외교관 루벤스'의 첫 행보였다.

1608년, 어머니의 임종을 지켜보기 위해 안트베르펜에 돌아온 그는 성공 레이스를 달려갈 모든 준비가 끝났다. 당시 저지대 국가 Low Countries: 중세 말부터 19세기까지 스헬데, 라인, 뫼즈 강의 낮은 삼각주 지대 주변을 일컫는다. 현재의 벨기에, 네덜란드 남부, 룩셈부르크, 프랑스 북부의 네덜란드 남부를 통치하던 알베르트 대공 부부가 그의 앞날에 축복의 팡파르를 울려줬다. 특권 보장, 세금 면제, 보장된 수입을 거머쥔 궁정화가로 임명한 것이다. 18세 신부까지 맞아들이면서 1609년은 루벤스 생애 최고의 해가 되었다. 서른두 살. 그는 안트베르펜에서 가장 잘나가는 화가가 되었다.

루벤스는 건물을 짓기로 결심한다. 유럽에 하나뿐인 최고 최대 미술 공방. 쾌적하고 조직적이며 활동적인 스튜디오. 그 안에서 체계적인 훈련을 통해 제자를 배출하고 그들이 실전에 투입되도록 만든 효율적인 시스템. 1610년, 거주공간과 스튜디오를 포함한 건축물 하나가 안트베르펜을 술렁이게 했다. 바로크 미술사에 길이길이 남을 루벤스의 아성이 탄생한 것이다.

안트베르펜의 쇼핑가인 메이어Meir 거리 입구. 나는 수문장처럼

루벤스의 제자이자 초상화의 대가로 알려진 안토니 반 다이크의 동상.

서 있는 안토니 반 다이크Anthony van Dyck의 동상과 먼저 맞닥뜨렸다. 초상화로 화끈한 승부수를 던졌음에도 불구하고 그에게는 늘 루벤스의 제자라는 수식어가 붙었다. 스승의 은혜를 입었으나 그에 버금가는 재량을 발휘한 안토니 반 다이크. 30대 이후에는 영국의 찰스 1세 총애를 받아 궁정 화가로 일했고 죽는 날까지 대부분을 런던에서 보냈다. 안트베르펜 토박이지만 그의 걸출한 초상화 양식은 오히려 영국에서 푸짐히 받았다.

반 다이크의 동상을 지나 바퍼Wapper 길로 꺾어지면, 말끔한 현대식 집들 사이로 두둑한 연륜의 벽돌 건물 하나가 돋보인다. 세계주의자 루벤스가 이뤄낸, 플랑드르의 전통적 타운 하우스와 이탈리아식 궁전Palazzo의 혼합물, 루벤스호이스Rubenshuis: 루벤스의 집다.

39

"나의 친구 루벤스에게, 이 편지를 전해줄 배달원이 집 안에 들어갈 수 있도록 해주겠는가? 자네의 멋진 그림들과 대리석 조각과 다른 예술 작품들이 가득한 경이로운 세상으로 말이게. 만일 그리해준다면 이 친구에게는 참으로 행복한 일이 될 걸세."

<sub>니콜라클로드 파브리 드 페레스크Nicolas-Claude Fabri de Peiresc: 프랑스의 천문학자.
루벤스에게 보낸 편지 중에서, 1626년 8월 16일.</sub>

벽난로가 놓인 부엌은 아늑하다. 스페인풍의 파란 타일 벽. 놋쇠 주전자와 냄비들. 잘 정돈된 세간. 선반 위에 걸린 〈죽은 새들의 정물화〉. 식당은 중후하다. 정교한 세공의 가구와 가죽 재질의 벽, 샹들리에와 대리석 바닥. 아내 헬레나의 초상화. 루벤스의 '미니 판테온'은 밝다. 둥글고 높은 천장. 철학자 세네카의 흉상. 고대 로마의 기운. 이어지는 방들은 화랑이다. 16~17세기 이탈리아와 플랑드르의 회화. 로마시대의 조각들. 제자와 동료들의 정물화. 루벤스의 특허품인 오일 스케치. 침실은 포근하다. 길이가 짧은 캐노피 침대_{당시에는 앉은 자세로 자는 게 건강상 좋다고 여겼다}. 타일 장식 벽난로. 등받이에 루벤스 이름이 새겨진 스페인 가죽의자. 견고한 나무 천장. 스튜디오는 루벤스만의 세상이다. 중년의 자화상. 초기작 〈아담과 이브〉와 미완성작 〈이브리 전투의 앙리 4세〉. 반 다이크의 풋풋한 자화상과 바로크 화가들의 대형 역사화. 정원은 휴식처다. 정갈한

식물과 초롱초롱한 꽃들. 미켈란젤로가 디자인한 로마의 '포르타 피아Porta Pia'을 본떠서 만든 이탈리아식 포르티코Portico: 여러 기둥으로 지붕을 받친 현관. 화가들의 신 머큐리와 지혜의 여신 미네르바 동상.

    루벤스는 여기서 30년을 살았다. 매일 새벽 4시에 일어나 오후 5시까지 일했다. 늦은 오후에는 승마를 하며 체력을 단련했다. 저녁에는 가족과 식사를 하거나 손님을 맞았다. 이 집에 들어온 이듬해 첫 딸 클라라가 태어났고, 우애 좋던 형 필립이 사망했다. 공방은 나날이 번창해 제자와 조수들의 수가 백 명을 넘었다. 유럽 전역에서 굵직한 주문들이 쇄도했다. 제단화, 천장화, 초상화. 크기와 분량 또한 엄청났다. 전 스태프들이 조직적인 업무분장으로 일사불란하게 움직였다. 첫 스케치와 마무리는 당연히 수장의 몫이었다. 그는 독립적 화가이자 노련한 감독관이었다.

    50대 초반에는 프랑스의 마리 드 메디치 여왕Marie de Médicis: 앙리 4세의 부인의 주문을 받아 그녀의 인생 연작 24점을 성공적으로 완성했다. 그러나 굴곡진 순간도 찾아왔다. 첫 딸과 아내가 잇따라 세상을 떠나고, 주저앉을 새도 없이 외교관의 임무가 떨어졌다. 평화의 사절로 유럽 각지를 누빈 그는 영국과 스페인 국왕으로부터 기사 작위를 받았다. 여한 없이 다 누려본 루벤스는 이제 조용히 살고 싶어졌다. 평범한 집안의 여성과 재혼하면서 가족과 그림에만 몰두했다. 정치도 싫고 귀족사회에도 신물이 났다. 그러나 60대를 앞두고 죽음의 전령인 통풍의 전조가 왔다. 손이 비틀리고 발작이 일어났다. 1640년, 루벤스는 자신이 일군 '불멸의 요새'에서 찬란했

던 63년의 삶을 마감했다. 그의 시신은 집에서 멀지 않은 성 야고보 성당Sint-Jacobskerk에 안치되었다.

15세기 초, 산티아고의 성 야고보 무덤을 찾아가는 순례자들의 쉼터 자리에 소박한 예배당이 세워졌다. 이후 교구성당으로 승격되어 증축과 개조를 거듭한 야고보 성당은 17세기 중반, 안트베르펜의 대표 성소로 거듭났다. 내부에는 대리석 제단과 작은 예배당들이 빼곡하게 들어찼다. 거기에 조각상과 장식물들이 더해져 박물관을 방불케 한다. 루벤스의 시신은 성당 지하에 매장되었다가 5년 후 가족예배당으로 옮겨졌다.

> "성 야고보 성당의 사제들이 영구차 앞으로 다가왔다. 엄숙한 복장의 탁발수도사들, 촛불을 든 60명의 고아들이 함께 걸어갔다. 한 시대에 이름을 널리 알렸던 남자를 기리며 그의 가족, 화가와 미술학도들, 재판관과 귀족들, 시민들이 뒤를 따랐다. 거리는 장례행렬로 메워졌다."
> 알프레드 미치엘Alfred Michiels: 프랑스의 역사학자, 저서 『루벤스와 안트베르펜의 학교Rubens et l'école d'Anvers』 중에서, 1877년.

검은색과 흰색의 차분한 대리석 제단 위에 루벤스의 말년 작품 〈성자들과 함께한 성모마리아〉가 걸려 있다. 그 속에 숨은그림찾기가 있다. 캔버스 왼편, 바닥에 널브러진 용 뒤에 서 있는 갑옷 차림의 성 게오르기우스서기 303년에 사망한, 용을 물리친 성인으로 알려진 기독교 순교자.

붉은 깃발을 휘날리는 남자의 얼굴이 루벤스다. 평생 몰두해온 회화의 알레고리에 자신을 쓱 집어넣었다. 화가와 외교관만으로는 성에 차지 않았던 걸까. 그의 무덤에서 마주친 용맹한 전사 루벤스. 죽음마저 날려버릴 기세다.

40

    벽화의 경우, 지중해성 기후가 강한 남유럽은 덜 마른 회반죽 위에 안료를 입히는 프레스코가 발달했다. 건조한 기후 특성은 마무리 속도를 높이고 영구적 보전 또한 가능케 하기 때문이다. 반면 북유럽^{플랑드르} ^{지역}은 사정이 다르다. 1년 내내 습한 기후는 자칫 석고를 균열시킬 수 있으므로 유성물감의 패널 제단화가 성행했다. 여기는 안트베르펜이다. 강우량이 많은 해양성 기후의 도시답게 아침부터 비가 주룩주룩 내린다. 놀랄 일도 아니다. 어제도 매우 습했으니까.

    루벤스의 제단화를 찾아 나선 오늘, 올드타운 주변의 질퍽이는 골목을 몇 번 들락거리자 성 카롤루스 보로메우스 성당^{Sint-Carolus Borromeuskerk}이 자연스럽게 나타났다. 물기를 머금은 외관이 우중충하다. 햇살 아래라면 저 호사스런 바로크 건물이 달리 보였을까. 루벤스의 손길은 정면에 새겨진 예수회 문장 'IHS'와 천사 조각부터다. 하얀 대리석과 반복적인 아치 기둥, 장미와 별 문양이 들어찬 실내에서도 그의 솜씨가 드러난다. 번쩍이는 천장의 주인공, 흰색과 황금색의 스투코^{Stucco: 건물의 천장, 벽면, 기둥 등의 겉면을 장식적으로 입힐 때 사용되는 화장도료}가 바로 그것. 그러나 이 넘쳐나는 시각적 풍요 속에서 으뜸은 요셉 제단에 걸린 은은하고 따뜻한 유화 한 점이다.

    1617년, 루벤스는 성당으로부터 3개의 제단화와 39개의 천장화를 의뢰받는다. 작업이 끝날 무렵인 1620년, 안트베르펜 시장 록콕

스Nicolas Rockox가 막내 격이 될 또 하나의 제단화를 의뢰한다. 1세기 동안 이들은 성당을 위풍당당하게 장식했지만 1717년의 대형 화재로 수난을 겪는다. 천장화는 모두 불에 탔지만 다행히 제단화들은 무사했다. 1777년, 예수회가 강제 해체되면서 성당이 문을 닫자 이들의 운명은 다시 기로에 선다.

합스부르크 공국의 마리아 테레지아 황후가 3개의 제단화〈성 프란시스코 하비에르의 기적〉〈로욜라의 성 이냐시오의 기적〉〈성모승천〉를 즉각 구입했다(현재 오스트리아 빈 미술사 박물관 소장). 반면 록콕스 시장이 의뢰해서 제작된 〈성가정의 귀환〉은 이리저리 방랑 생활을 했다. 여러 화상들 손을 거쳐 1871년 뉴욕 메트로폴리탄 박물관에 팔렸고, 1980년 개인 수집가에게 넘어간 후, 2011년 독일의 쾰른 경매에 나왔다. 성당의 교구위원들은 비로소 손을 뻗었다. 그 결과 2017년, 꼼꼼한 복원 과정을 거쳐 원래 자리에 안착한 제단화. 마리아와 요셉과 예수가 이집트에서 돌아오는 〈성가정의 귀환〉은 긴 유랑을 끝내고 240년 만에 귀환했다.

성당 중앙에는 〈성모승천〉 복제품이 번듯하게 걸렸다. 양쪽 통로에는 소멸된 천장화의 스케치들이 특수 유리관 안에 전시되었다. 엽서만 한 밑그림이지만 엄연히 루벤스의 손끝에서 나온 것들이다. '루벤스의 성당'이라 불리는 데는 다 이유가 있었다.

비가 그쳤다. 침침한 길 끝에서 훤한 빛이 새어나온다. 여행자에게 광장은 골목의 미로에서 벗어나 숨 한 번 고르는, 일종의 쉼

맨 위 안트베르펜 시장의 주문으로 제작된 루벤스의 제단화 <성가정의 귀환>. 오랜 시간 타지에서 떠돌다 240년 만에 안트베르펜으로 돌아왔다.

위 성 카롤루스 보로메우스 성당의 내부. 천장에는 루벤스가 디자인한 흰색과 황금색의 스투코가 돋보인다.

터와도 같다. 흐룬 광장Groenplaats 주변이 떠들썩하다. 한창 제철인 홍합 요리가 유혹한다. 우리는 허름한 식당 야외 자리에 비집고 앉아 해산물 3종 세트를 정신없이 먹었다. 이제야 출중한 건물에 눈길이 간다.

1352년 첫 삽을 뜬 이후 5세기에 걸쳐 건설과 복구를 거듭한 저지대 국가의 대표적 고딕 건축물. 칼뱅교도들의 성상 파괴와 프랑스군의 예술품 박탈 등 격동의 시절을 버텨온 성전. 안트베르펜의 희로애락을 지켜본 도시의 수호신. 성모마리아 대성당Onze-Lieve-Vrouwekathedraal은 지난 세월이 그리했듯 오늘도 공사 중이다.

실내는 바로크 시대의 화폭처럼 어둠과 밝음이 극명하다. 높은 반원형 천장에 영롱한 빛이 감돈다. 기둥 사이로 유화 패널들이 첩첩이 걸렸다. 대성전에 가까이 갈수록 사람들이 웅성거린다. 이탈리아에서 갓 돌아온 루벤스가 미켈란젤로와 카라바조의 영향을 받아 야심 차게 그려낸 세 폭짜리 제단화 두 점, 그리고 40대 후반에 제작한 중앙 제단화가 성당을 압도한다.

<십자가 올림> 아홉 명의 다부진 남자들이 십자가를 들어올린다. 위에서 중간에서 아래에서. 근육이 불끈 튀어나온다. 무게를 짊어진 신체 부위들이 맹렬히 움직인다. 양손을 꽉 움켜쥔 예수가 고통으로 머리를 비튼다. 희생을 감내하려는 듯 위쪽을 응시한다. 왼편 패널에서는 마리아와 사도 요한이 애처롭게 지켜본다. 오른편에는 로마 사령관이 도둑들에게 사형 집행을 명한다. 사선의 구도는

긴장감이다. 강렬한 색채는 역동성이다. 사실적인 묘사는 애수를 자아낸다.

　*성 발베르히스 성당Sint-Walburgiskerk의 의뢰로 1610년에 제작. 나폴레옹 점령 때 파리로 이송, 루브르에 보관되었다. 1815년, 안트베르펜으로 돌아왔으나 성 발베르히스 성당이 소멸되면서 1년 후 성모마리아 대성당에 설치되었다.

<십자가 내림> 여덟 명의 인물들이 십자가에서 예수의 시신을 끌어내린다. 사다리 위의 두 남자가 몸을 굽혀 흰색 수의를 내려보낸다. 아리마대의 요셉(예수가 처형된 뒤 위험을 무릅쓰고 빌라도 총독의 허가를 받아 시신을 장사지냈다)과 니고데모(유대인의 관원으로 밤마다 예수를 찾아와 섬겼다)가 중간에서 거든다. 붉은 옷의 사도 요한은 두 손으로 예수의 몸을 받친다. 성모마리아는 애절한 눈빛으로 아들에게 팔을 뻗치고 막달라 마리아는 예수의 다리를 자신의 어깨에 올린다. 그들의 몸짓이 조심스럽다. 빛은 예수 주변을 감돌고 하늘은 슬프도록 어둡다. 왼편 패널에서는 성모마리아가 임신한 조카를 방문하고, 오른편에서는 아기예수를 봉헌한다.

　*화승총조합의 의뢰로 1612~1614년에 제작. 나폴레옹 점령 때 파리로 이송, 루브르에 보관되었다. 1815년, 안트베르펜으로 돌아와 1년 후 원래 자리인 성모마리아 대성당에 설치.

<성모승천> 쾌활한 아기천사들이 빙글빙글 돈다. 하늘에서는 성스

러운 빛이 쏟아진다. 석관에서 나온 성모마리아가 천사들의 호위를 받으며 승천한다. 두 천사가 장미화환을 씌운다. 무덤가에는 예수의 열두 제자와 신도들이 모여 경이롭게 지켜본다. 형태는 부드럽고 디테일은 간결하다. 색색의 분필과 크레용 터치가 신비감을 드높인다.

*성모마리아 대성당의 의뢰로 1625~1626년에 제작. 4백 년간 중앙의 대리석 제단을 장식해왔다. 성 카롤루스 보로메우스 성당의 〈성모승천〉과는 다른 버전이다.

광장 중앙에서 이 도시를 굽어보는 남자가 있다. 페테르 루벤스의 동상이다. 풍전등화 같던 17세기 유럽에서 각국의 군주에게 평화를 간언했던 미술 전도사. 역사를 표현하고 신을 찬미하고 가족과 사랑을 담았던 그는 안트베르펜이 사랑한 예술의 영웅이다. '나는 낡은 붓을 든 한 남자일 뿐'이라고 겸손해했던 루벤스. 그러나 그가 거쳐 온 개인의 역사는 세계의 역사와도 같다. 북유럽 미술사에 새겨진 루벤스의 이름은 위대한 화가, 그 이상이었다.

십자가에 매달리는 예수의 고통과 그를 끌어올리려는 근육질 남자들의 모습이 리얼하게 표현된 <십자가 올림>(위), 극적인 명암 대비와 사선의 구도로 바로크 미술의 전형을 보여주는 <십자가 내림>(오른쪽), 4백 년간 중앙 제단을 장식해온 <성모승천>(왼쪽)은 성모마리아 대성당을 대표하는 루벤스 최고의 걸작들이다.

41

두 도시는 50킬로미터 떨어져 있다. 북쪽의 도시는 (상대적으로) 네덜란드에 가까우니 네덜란드어가 더 통용되고 남쪽의 도시는 프랑스에 가까우니 프랑스어가 더 통용된다(자국어는 없다). 북쪽의 도시는 좀 더 지역적이고 남쪽의 도시는 좀 더 국제적이다. 한쪽은 네덜란드 이주민이 많고 다른 쪽은 프랑스 이주민이 많다. 16세기에는 스페인에, 17세기에는 주변 강국들에, 18세기 초에는 오스트리아에, 18세기 말에는 프랑스에 지배당하고, 1815년에 네덜란드에 병합된 후 1830년 비로소 독립국가로 인정받은 벨기에. 그래서 다국적, 다인종, 다문화와 다언어가 뒤섞인 나라. 채 2백 년이 안 되는 역사 속에서 두 도시는 이렇게 다른 특징을 안고 산다. 북쪽의 안트베르펜과 남쪽의 브뤼셀 이야기다.

나는 여기에 시대의 차이까지 안고 이동한다. 안트베르펜에서 버스로 1시간. 바깥 풍경 좀 보다가 잠깐 졸고 나면 금세 닿을 곳. 그러나 브뤼셀^{영어: Brussels, 프랑스어: Bruxelles}에 도착한 순간 머릿속에서는 루벤스의 성화와 복잡한 알레고리가 빠져나갔다. 3백 년을 뛰어넘어야 한다. 그림 속에 '상징'을 담으려던 화가 대신 '상징'을 뒤엎으려던 화가로 관심을 돌려야 한다. 물론 두 사람 다 각자의 시대에는 앞서 달리고 있었다. 세상이 바뀌었을 뿐. 브뤼셀은 관습을 뒤엎으려는 초현실주의 화가, 르네 마그리트^{René Magritte}의 고장이다. 이곳에 머무는 동안 스스로에게 이런 제안을 해야 할 것 같다.

너무 의미를 찾지 말라고. 고정관념들을 실컷 벗어 던지라고. 아, 가끔씩 유머러스해지라고.

마그리트는 1898년 11월 21일, 브뤼셀 서쪽의 '매우 프랑스적인' 마을, 레신Lessines에서 태어났다. 아버지는 직물제조업 상인이었고 어머니는 결혼 전에 여성 모자를 만들었다. 밑으로는 두 남동생이 있었고, 비교적 풍족하게 살았다. 12세 때 드로잉을 배우면서 처음으로 '그림' 세 점을 완성했다. 두 개의 풍경화와 한 개의 정물화였다. 13세 때는 첫 유화인 〈목장의 말들〉을 그렸으며, 아버지에게 무한한 자부심을 심어줬다. 이외에는 마그리트의 유년시절에 대해 별로 알려진 게 없다. 태어난 순간부터 다 기억한다는 살바도르 달리와 비교가 된다. 20세기 인물인 점을 감안하면 웬만한 기록들이 남겨질 법도 한데, '나의 과거에도, 남의 과거에도 관심 없다'라고 천명한 마그리트로서는 당연할 수도 있겠다. 기억도 없고, 기억한다고 해서 표출하려는 의지가 없다면 말이다. 그의 10대를 대표하는 두 사건은, 그래서 오랫동안 '귀하게' 회자되어 왔다. 하나는 그의 입을 통해 직접 묘사된 것이고, 다른 하나는 주변인들을 통해 전해진 이야기다.

1911년 혹은 1912년. 마그리트 나이 13세 혹은 14세

"어릴 적, 나는 시골 마을의 황폐한 공동묘지에서 작은 소녀와 놀곤 했었다. 어느 날 우리는 무거운 철문을 열고 지하 납

> 골당에 내려갔다. 얼마 후 다시 훤한 밖으로 나왔을 때였다. 낙엽이 뒹굴고 부서진 돌기둥이 있는 멋진 가로수 길에서 한 화가와 마주쳤다. 도시에서 온 그는 숙련된 솜씨로 그림을 그리고 있었다. 내 눈에는 마치 마술을 부리는 것처럼 보였다. 남자는 어마어마한 힘을 타고난 것 같았다."

1938년, 마그리트는 안트베르펜의 왕립미술관Koninklijk Museum voor Schone Kunsten에서 자전적 내용을 담은 '생명선La Ligne de Vie'이라는 제목으로 강연을 했다. 이후 강연 원고가 여러 책과 잡지를 통해 발표되었고, 이 글은 그중 일부다. 마그리트가 본 화가는 20세기 초 벨기에의 풍경 화가인 레옹 하위헌스Léon Huygens로 밝혀졌다. 이때의 상황은 마그리트에게 화가로서의 소명의식을 심어주는 데 큰 영향을 끼쳤다.

1912년 3월. 마그리트 나이 14세

마그리트 가족은 여러 번 이사를 했다. 이 과정에서 감정 조절이 안 된 어머니는 결국 우울증에 걸렸다. 아버지는 여러 차례 자살을 시도한 아내가 뛰쳐나가지 못하도록 방에 자물쇠를 채우거나, 가장 잠귀가 밝은 막내와 자도록 했다. 어느 날 밤, 아이는 어머니가 사라진 것을 알고 가족들을 깨웠다. 그들은 집 대문에서부터 발자국을 따라 상브르Sambre 강변의 다리까지 갔지만 찾을 수가 없었다. 이틀 후, 시신 한 구가 강가에 떠밀려왔다. 훗날 마그리트는 친구이자 전기 작가인 스퀴트네르Louis Scutenaire에게 당시의 상황을 이렇게 말했다고 한다.

> "어머니가 발견되었을 때 그녀의 잠옷이 얼굴을 감싸고 있었다네. 스스로 선택한 죽음을 보고 싶지 않아서였는지, 혹은

르네 마그리트 1898~1967

René Magritte

◆ "우리는 커튼에 둘러싸인 세상에 살고 있다. 우리는 단지 커튼 뒤의 세상을 짐작하며 이해하려 할 뿐이다."

거센 조류에 밀려 저절로 머리에 덮여졌는지 결코 알 수가 없었지."

스퀴트네르는 1947년에 발간된 저서 『르네 마그리트』에서 이 부분을 서술했다. 미술 전문가들은 마그리트가 어릴 적에 목격한 어머니 시신의 연상 작용으로 1928년 작 〈연인들 I, II〉에서 두 인물의 머리를 흰 천으로 감쌌다고 해석한다. 그러나 마그리트는 개인적 환상이나 신경증에서 비롯된 이미지라는 가설을 탐탁지 않아 했다.

어머니의 자살 이후 아버지는 삼 형제를 데리고 근처 도시인 샤를루아Charleroi로 이사했다. 1913년부터 시작된 마그리트의 전반부 삶을 요약하면 다음과 같다.

15세, 마을 축제에서 미래의 아내가 될 조제트 베르지Georgette Berger를 처음 본다. 그녀는 13세였다. 두 아이의 만남은 일단 여기까지다.

18세~20세, 미술 공부를 위해 브뤼셀로 이동해 왕립미술아카데미Académie Royale des Beaux-Arts에 입학한다. 수업은 따분했지만 사람들은 흥미로웠다. 이때 사귄 친구들은 평생의 동지로 남는다.

22세, 7년 전의 '그 소녀'와 산책길에서 우연히 마주친다. 운명이라 여기고 교제를 시작한다.

22~23세, 벨기에 보병대에서 의무적으로 군 복무를 한다. 지루한 날들을 보낸다.

24세, 이탈리아의 형이상학파초현실주의의 초기 단계 화가인 키리코Giorgio de Chirico의 〈사랑의 노래〉 도판을 본 후 격한 눈물을 흘린다. 수술용 장갑과 고대 두상조각의 결합은 한마디로 '쇼크'였다. 시각적으로 시詩를 표현할 수 있다는 자신감이 생겼다. '나의 눈은 처음으로 생각을 보았다'는, 유명한 말도 남겼다. 그리고 같은 해, 드디어 조제트와 결혼식을 올린다. 아내를 책임져야 할 가장이 된다.

24~28세, 벽지 회사에서 포스터와 광고 디자이너로 일하며 재정 문제를 해결한다. 다다이즘과 벨기에 초현실주의, 미래주의, 입체주의에 두루두루 관심을 갖는다.

28세, 생애 최초의 초현실적 그림 〈길 잃은 기수〉를 완성한다. 말을 탄 기수가 무대 위에서 힘껏 달린다. 바야흐로 부조리한 상황의 전초전이다.

29세, 브뤼셀에서 첫 개인전을 연다. 지독한 혹평에 의기소침해진다. 부푼 기대를 안고 파리로 향한다. 초현실주의 주창자 앙드레 브르통과 친분을 맺는다. 이제 열혈동지들과 한배를 타게 되었다.

29~30세, 〈연인들〉을 비롯해 〈잘못된 거울〉〈위험에 처한 암살자〉〈새를 먹는 소녀〉 등을 속속 발표한다. 요상한 장소와 요상한 인물과 더 요상한 상황이 연출된다.

31세, 파리 고만스Goemans 화랑에서 달리, 키리코, 미로, 피카소 등과 단체전을 갖는다. 동인지 《초현실주의 혁명La Revolution Surrealiste》에 칼럼 「언어와 이미지Les mots et les Images」를 기고한다. 그리고 생애 최고의 화제작 〈이미지의 배반〉을 발표한다. 파이프

Pipe: 담뱃대를 사실적으로 묘사한 후 그림 밑에 이런 문장을 삽입했다. '이것은 파이프가 아니다Ceci n'est pas une pipe'라고. 통례적 개념으로는 파이프로 보이지만 엄밀히 따지면 단지 그림일 뿐 파이프 자체가 아니라는 것이다. 그림 속 파이프에 불을 붙일 수 없듯이.

32세, 불경기에 몸살을 앓는 파리에서 화랑들이 줄줄이 파산하자 브뤼셀로 돌아온다. 동생 집과 처가가 가까이 있는 제트Jette 지역의 한 아파트 1층에 세 들어 살았다. 생계를 위해 광고 디자인을 겸했지만, 그림의 열정은 물 만난 생선처럼 팔딱거렸다. 조금씩 성공도 거둔다. 향후 24년간 그의 둥지가 될 자그마한 공간이 요술이라도 부린 걸까.

르네 마그리트와 브뤼셀. 이서겜Esseghem 거리 135번지에서 이야기는 시작된다.

42

한산한 주택가의 3층짜리 벽돌집. 주소를 한 번 더 확인했다. 창문마다 커튼이 내려지고 문이 굳게 닫혔다. 잠시 주저했지만 집 앞에 놓인 입간판을 본 순간 '맞네!'라는 말이 절로 튀어나왔다. 중산모를 쓴 남자의 간결한 형태, 마그리트의 트레이드마크다. 초인종을 누르자 젊은 여성이 문을 열어준다. 그녀의 손에는 두꺼운 스크랩북이 들렸다. 방문객은 우리뿐인 지금, 맞춤 설명이 이어졌다.

"여기는 르네 마그리트 박물관 Musée René Magritte이에요. 일종의 하우스 뮤지엄이죠. 저 아랫동네에 또 하나 있죠. 왕립미술관에 부속된 마그리트 박물관 Musée Magritte. 많이들 헷갈려하세요. 이곳은 마그리트 부부가 24년간 살았던 집이에요. 전체는 아니고 여기 아래층만 빌렸어요. 나중에 돈을 벌어서 더 큰 집으로 이사 갔죠. 거실부터 볼까요? 저쪽 창이 길가로 나 있죠. 커튼이 쳐진 창문 그림들 아시죠? 그림 속에는 거리 대신 숲이 들어갔지만요. 마그리트는 늘 그렇잖아요. 예기치 않은 오브제들을 쓱 집어넣죠. 방 안에 큼직한 바위가 놓인다든가, 계단 옆에 대형 손가락이 서 있다든가. 모두가 이 집에서 떠오른 거랍니다."

그렇다. 마그리트의 그림은, 그럼에도 불구하고, 기괴하지 않다. 재밌다. 어른들에게는 '아하~' 하는 감탄사를, 아이들에게는 '어?' 하는 의문사를 자아내게 한다. 나는 침실 쪽으로 눈을 돌린 순간

마그리트 부부가 24년간 거주했던 아파트. 1993년 미술수집가인 앙드레 가리트는 이 집을 사들여 대대적인 복구를 마친 후, 마그리트 탄생 100주년이 되는 1998년에 대중에게 오픈했다.

건물 1층에는 실제로 마그리트 부부가 거주했던 공간을 그대로 재현했다. 비록 협소한 장소지만 마그리트는 거실과 부엌, 침실과 정원 곳곳에서 수많은 작품들을 탄생시켰다. 또 뜻을 같이하는 동료 예술인들이 드나들었던 이곳은 초현실주의 미술의 온상이 되기도 했다.

흠칫했다. 개 한 마리가 침대에 턱 하니 누워 있다.

"놀라셨죠? 실제가 아니고 박제예요. 부부가 애지중지 키우던 스피츠, 룰루의 모습을 닮았죠. 개가 죽고 나자 똑같이 생긴 스피츠를 데려다 키웠는데 이름은 계속 룰루였어요."

1950년, 마그리트는 애완견이 죽자 곧 박제를 했다. 1993년, 미술수집가이자 마그리트의 팬이었던 가리트André Garitte는 부부의 사망 후 엉망이 된 아파트를 통째로 사들여 대대적인 복구에 나섰다. 원래의 가구와 살림살이들은 성공적으로 되살렸지만 박제된 룰루는 도무지 찾을 수가 없었다. 다행히 벼룩시장에서 똑같은 품종의 박제 개를 발견해 이 집에 데려다 놨다.

식당과 부엌이 자그마하다. 매주 일요일 저녁이면 작가와 음악인 등 초현실파 동지들이 식탁에 둘러앉아 예술을 논하고 새로운 세상을 꿈꾸던 곳이다. 부엌 옆문은 뒤뜰로 이어진다. 옆집과의 경계선인 담벼락에, 마치 설치미술처럼 보이는 대형 새장이 놓였다. 늠름한 날개를 펼치며 구름 속을 횡단하는 새의 이미지. 마그리트가 좋아하던 모티프 중 하나다.

정원은 부부의 쉼터이자 아이디어의 샘터다. 뒤뜰의 창고는 일터다. 마그리트는 스튜디오와 거실 창가에서, 식탁과 벽난로 옆에서, 복도와 계단참과 마당에서 그림을 그렸다. 때와 장소를 가리지 않았다. 8백여 점(평생 작업량 1천6백여 점의 절반에 해당되는 분량)의 작품이 집 안 곳곳에서 탄생했다.

마그리트는 이 집에 사는 동안 혁신과 안정, 불안과 단념을 오갔다. 초현실주의 미술의 선봉장으로 깃발을 들었지만, 아내와의 평온한 나날도 놓치지 않았다. 2차 세계대전 때는 독일 나치가 점령한 브뤼셀에서 염세주의를 넘어 아예 관망의 자세로 돌아섰다. '르누아르 시기혹은 햇빛 시기, 1943~1946년'라 불리는 이때, 그는 차라리 화사함에 기대고 싶었다. '정말로 불쾌한 세상이다. 내 작품은 그에 대한 반격이다.'라고 말한 것처럼, 스스로 최면을 걸어버렸다.

전후에는 현란하고 노골적으로 변했다. 1948년 파리 개인전에 선보인 40여 점은 마그리트가 준비한 신나는 충격이었다. 우스꽝스런 풍자, 날것 그대로의 본능, 의도적인 무례함. 일명 '바슈Vache: '암소'라는 뜻의 프랑스어. 게으르고 심술궂은 사람을 지칭하는 속어 시기'의 그림들이다. 무자비한 전쟁 속에서 나름의 방식으로 '저항'을 표현한 그는 5년 후 외도를 끝내고 다시 초현실 세상으로 돌아왔다.

위층의 전시실은 한눈에 보는 마그리트의 개인사다. 열한 살 때 그린 최초의 유화 풍경화. 친구들과의 편지. 예술가의 소신을 밝힌 『생각의 책The Book of Thoughts』 오리지널 원고. 생계를 책임져준 광고와 포스터 디자인. 의류회사 홍보용 마네킹에 그린 달리의 콧수염. 벨기에 레지스탕스의 초상화. 단어와 이미지를 혼합한 '시詩적인' 그림. 초현실파 예술가들의 아지트인 카페, 라 플뢰르 엉 파피에 도레La Fleur en Papier Doré: '황금빛 종이꽃'이라는 뜻의 기념사진. 일기와 수첩과 메모지. 취미이자 중요한 표현 도구였던 영화와 사진 장비들. 초현실운동을 알린 포스터와 책자. 그리고 삶의 굽이굽이를 기록한 인

물 사진들.

'지금껏 봐왔던 것들의 관념을 마음속에서 쫓아내라. 그리고 한 번도 본 적이 없는 것들을 찾아내라. 그것이 초현실주의자가 되는 길이다.' 그의 기록과 자료에 자주 등장하는 문구다. 마그리트 집에서 나와 버스정류장으로 향하면서 나는 거리의 풍경을 유심히 바라봤다. 행인들, 가게 쇼윈도, 간판과 신호등, 하늘과 나무와 건물들. 저 익숙한 대상들의 보편타당한 관념을 어떻게 밀어낼 수 있단 말인가. 차라리 열 살짜리 아이라면 모를까.

43

르네 마그리트는,

★ '보이는 것'이 아니라, '생각하는 것'을 그린다.
★ 시계를 그려놓고 그 밑에 '바람'이라고 적는다. 구두 밑에는 '달'이라고 적는다. 제목은 〈꿈의 열쇠〉다.
★ 언어 놀이를 좋아한다.
★ 추리작가 에드거 앨런 포 Edgar Allan Poe를 몹시 존경한다.
★ 얼굴 없는 초상화를 그린다(영국 시인이자 초현실주의 후원자였던 에드워드 제임스의 초상화에서 그의 얼굴 부분이 환한 빛으로 뭉개졌다).
★ 중산층 남자들의 보편적인 필수품인 중산모 애호가다. 왜? 홀로 두드러지지 않으니까.
★ 지독한 독서광이다.
★ 자연스런 소통을 굳이 막으려 한다. 불편하고 낯선 상황을 즐긴다.
★ 익명의 인물을 사랑한다. 사과로 얼굴을 덮고 천으로 감싸고 마스크를 씌우고 새 한 마리를 얼굴 전체에 얹혀놓고 때로는 투명인간으로 만들고 때로는 똑같은 사람들을 비처럼 주룩주룩 내리게 한다.
★ 의식 있는 몽상가다.
★ 눈동자 속에 눈 Eye을 통해 보이는 세상을 담는다. 마치 반대편

사물이 내 눈을 들여다보는 것처럼.

★ 루이스 캐럴의 고전 동화 『이상한 나라의 앨리스』를 환상의 정석으로 여긴다.

★ 체스 게임에 열중한다. 직접 두는 것도, 구경하는 것도.

★ 작품 의도를 묻는 이들에게 이렇게 답한다. 의미 없음. 알 수 없음. 그래서 신비로움.

★ 외형적으로 평범하고 싶다. 정체 모를 남자, 그거면 된다.

손바닥으로 얼굴을 가리고 중산모를 눌러쓴 남자. 오른쪽 눈만 겨우 보일락 말락 한다. 자신을 숨기려는 걸까, 한낱 제스처일까. 머리에서 슬쩍 중산모를 벗으려는 남자. 인사하는 걸까, 무심코 하는 행동일까. 범죄와 변장의 귀재 팡토마스 Fantômas: 프랑스 작가 수베스트르 와 알랭이 창조한 책 시리즈의 주인공 옆에서 똑같이 턱을 괸 남자. 그에게 매료 당한 걸까, 그를 풍자하는 걸까.

브뤼셀이 마련한 초현실주의 미술의 성전, 마그리트 박물관. 입구에서부터 고개를 갸우뚱하게 한다. 온 벽면을 차지한 대형 흑백 사진들은 호기심의 예고편이다. 그래, 의문으로만 남기자. 해석도 정답도 없다. 여기는 바로 초현실 행성이니까.

'이것은 파이프가 아니다'라고 역설한 <이미지의 배반> 1952년 버전 1929년 작품은 로스앤젤레스 카운티 미술관 소장. 이 드로잉에도 역시 한 문장이 적혀 있다. '이것은 계속해서 파이프가 아니다 CECI CONTINUE DE NE PAS ETRE UNE PIPE'라고. 평범한 공원에서 엉뚱한 놀이를 하는 <비밀 경기자>. 기둥은 체스 말 같고 공중에는 거북이 형상의 물체가 떠다닌다. <바다의 남자>의 주인공은 얼굴에 통나무를 뒤집어썼다. 몸은 조각인 듯 사람인 듯. <중심적 이야기>에서는 세 오브제가 화면을 꽉 채운다. 튜바 Tuba: 최저음을 내는 금관악기, 베일, 슈트케이스의 배열이 낯설다. 중앙에는 흰색 천을 뒤집어쓴 여인이 한 손으로 자신의 목을 슬며시 쥔다. 흑백 사진 <꽃다발>에서 홑이불을 칭칭 감은 마그리트 부부. 얼굴 두 개가 허공에서 웃는다. 문학적 접근도 있다. 프

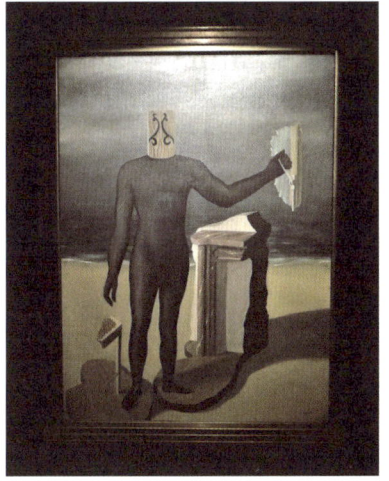

맨 위부터 시계 방향으로 범죄 소설의 주인공 팡토마스 옆에서 똑같이 포즈를 취한 마그리트, 낯선 오브제들이 한 화면에 등장하는 <중심적 이야기>, 현실인 듯 상상인 듯 기괴한 이미지를 표현한 <바다의 남자>, '이것은 계속해서 파이프가 아니다'라고 한 <이미지의 배반> 1952년 버전.

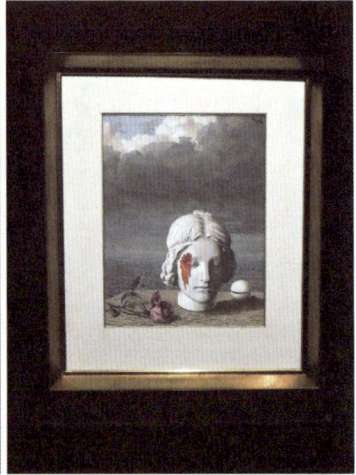

맨 위 왼쪽 마그리트의 1954년 작 <빛의 제국>. 어두운 밤의 풍경과 환한 낮의 하늘이 부조리한 장면을 만들어낸다.

맨 위 오른쪽 마그리트의 1948년 작 <기억>. 아픈 기억을 끄집어내듯 얼굴에 붉은 상처가 난 여자의 얼굴을 표현했다.

랑스 시인 폴 엘뤼아르는 '르네 마그리트'라는 제목의 시를 짓고, 마그리트는 노트에 시상詩想을 끼적인다.

<기억>, 석고상 같은 여자의 하얀 얼굴에 시뻘건 피가 흐른다. **<아른하임의 영역>**, 우람찬 산은 날개를 활짝 편 독수리 형상이다. **<설명>**, 당근과 병이 황당한 결합을 시도한다. **<진실의 추구>**, 물고기가 화석으로 변한다. **<타원>**, 모자에 눈이 달리고 코에서는 긴 쇠막대가 삐져나온다. **<인간의 조건>**, 안과 밖의 경계가 점점 모호해진다. **<골콩드>**, 중산모를 쓴 남자들이 빗줄기처럼 내려온다. **<빛의 제국>**, 밤의 풍경과 낮의 하늘이 한 캔버스 안에서 공존한다. **<선의>**, 중산모에 검은색 슈트를 입은 마그리트가 커다란 파이프로 얼굴을 가린다. 익명과 보편성을 노린 계산된 자화상이다.

보이는 게 다가 아니다.
꿈은 일상의 변환이다. 일상은 꿈의 변환이다.
우리의 마음은 미지의 것을 사랑한다.
아무 의미가 없을 때 신비로워진다.

르네 마그리트. 그의 세상이 점점 재밌어진다.

44

어제 브뤼셀에 도착하자마자 북쪽 남쪽을 섭렵했더니 하루쯤은 번잡한 이동을 피하고 싶다. 그런데 꼭 하나가 걸린다. 귀찮음과 아쉬움, 두 갈래에서 주저하던 나는 동반자의 한마디에 고민을 끝냈다. "딱히 할 일도 없잖아. 미술관은 오후에 가도 되고."

호텔에서 8킬로미터 북동쪽 에베르 Evere 지역. 우리는 택시를 마다하고, 브뤼셀 카드 Brussels Card: 일정 기간 동안 주요 박물관과 교통수단을 무제한 이용할 수 있는 카드도 써먹을 겸 대중교통을 이용하기로 했다. 미리 파악한 여러 경로 중 그나마 간단해 보이는(가장 덜 걷는) 노선을 택했지만, 왕립미술관 근처의 호텔에서 목적지까지 가는 데 무려 1시간 30분이 걸렸다. 갈아타고, 두리번거리고, 함흥차사인 버스를 기다리고, 주민들에게 물어보고. 그러나 짜증이 나지 않았다. 시간은 넘치고 거리는 한갓졌다. 날은 화창하고 사람들은 친절했다. 버스 창가에 앉아 이름 모를 동네를 구경하는 것도 좋았다.

드디어 버스가 스카르비크 Schaerbeek 공동묘지 앞에서 길게 멈췄다. 종점이다. 활짝 열린 초록색 대문을 지나자 표시판이 나타났다. 아마도 이곳에서 가장 유명한 무덤일 것이다. 지나가던 관리인이 우리 마음을 다 안다는 듯 손가락으로 한쪽을 가리키며 말한다. "저쪽이에요. 근데 마그리트는 왜 여기 묻혔다죠?" 내가 묻고 싶은 말이었다. 아마도 근처 지역주민으로 살다가 생을 마쳐서일까.

1954년, 어느 정도 부와 명성을 거머쥔 중년의 마그리트는 이서

겜 거리를 떠나 스카르비크의 미모자Mimosas 거리 97번지로 이사했다. 좀 더 부유한 주택가의 좀 더 넓은 공간에 살았지만 부부의 생활은 별로 바뀐 게 없었다. 주민들은 꽤 이름난 이웃집 예술가를 이렇게 기억했다. 조용하고 수줍은 사람. 늘 양복에 중산모를 쓰는 신사. 룰루와 산책을 나오는 애견가. 그러나 자신이 원했던 '튀지 않는 외견'과는 달리 집 안에서의 그는 말년의 문제작들을 속속 완성해갔다.

현실과 환상의 경계선은 더 허물어지고 오브제들은 더 자유롭

마그리트의 1964년 작 <사람의 아들>. 얼굴을 사과로 가림으로써 보이는 것과 보이지 않는 것 사이의 시각적 충돌을 표현한다.

게 배회했다. 66세에 완성한 〈사람의 아들〉은 감춰진 것과 보이는 것 사이의 시각적 충돌, 그 완결판이었다. 얼굴에 얹힌 큼지막한 초록색 사과는 이후 폴 매카트니의 애플 레코드, 스티브 잡스의 애플 컴퓨터, 영화 〈토마스 크라운 어페어〉에 직접적인 영향을 끼쳤다. 마이클 갈런드Michael Garland의 그림동화『마그리트 집에서의 저녁식사Dinner at Magritte's: 국내 번역본 제목은 '마법의 저녁식사'』에서는 사과로 얼굴을 가린 마그리트가 친절한 이웃집 아저씨로 등장했다.

1967년 8월 15일, 69세의 마그리트는 췌장암으로 사망했다. 그의 유작은 독일의 미술 수집가가 의뢰한 또 다른 버전의 〈빛의 제국〉이었다. 아내 조제트가 사망할 때까지 이 그림은 미완성인 채 집 안의 이젤 위를 떠나지 않았다.

초록색 바탕에 흰색 글씨로 쓰인 명판 외에는 다른 무덤들과 거의 비슷하다. 그러나 한 발짝 다가가니 꽃다발 사이로 무언가가 보인다. 가끔 이곳을 찾는 팬들이 희한한 물건들을 두고 간다더니, 흙먼지 쌓인 석관 앞에는 검은색 중산모 하나가 놓여 있었다.

45

'내 사전에 불가능은 없다'며 유럽 땅을 제패해가던 나폴레옹은 1801년, 자신이 점령한 브뤼셀에 박물관을 지었다. 이후 프랑스로 몰수당한 작품 대부분이 우여곡절 끝에 반환되면서 박물관 컬렉션의 기초가 만들어졌다. 백 년 넘게 증축과 개조를 반복하며 완공된 신고전주의 양식의 벨기에 왕립미술관 Musées Royaux des Beaux-Arts de Belgique. 드넓은 로비가 첫인상을 주도한다. 근엄한 기둥들에 둘러싸인 2층 전시장은 플랑드르 회화의 자존심을 질적 양적으로 뽐내는 올드마스터스 박물관 Musée Oldmasters이다.

기묘한 이미지로 환상을 넘나든 히로니뮈스 보스 Hieronymus Bosch, 풍경화와 묵상의 인물을 결합시킨 한스 멤링 Hans Memling, 초상화의 장인 안토니 반 다이크. 우리에게는 비교적 낯선 이름들이지만 네덜란드와 플랑드르의 황금시대를 풍미했던 대가들이다. 특히 민간전설과 속담을 위트 있게 풀어낸 대大 피테르 브뤼헐 Pieter Brueghel the Elder은 올드마스터스의 간판스타다.

1566년 작 〈베들레헴의 인구조사〉는 마을의 설경을 담았다. 아이들은 눈싸움을 하고 빙판에서 썰매를 탄다. 아낙은 빗자루로 눈길을 쓸고 주민들은 나무 골조를 올려 새 오두막을 짓는다. 얼핏 보면 그저 평범한 날이다. 그러나 브뤼헐의 속내가 곳곳에 도사린다. 왼편에는 건물 앞에 몰려든 군중들과 도살 직전의 돼지가, 뒤쪽에는 혹한에 몸을 웅크린 고단한 농민이, 중앙에는 당나귀를 탄

맨 위 2백여 년의 역사를 지닌 벨기에 왕립미술관의 내부.
위 대 피테르 브뤼헐의 걸작 <베들레헴의 인구조사>.

동정녀 마리아와 고삐를 잡은 요셉이 있다. 스페인 황제가 네덜란드 남부를 통치하던 16세기 플랑드르, 마을마다 전비戰費를 충당할 세금 징수를 위해 인구조사가 실시되었다. 브뤼헐은 누가복음 2장에 등장하는 '베들레헴의 일화로마 황제의 명령으로 호적신고를 하려고 나사렛을 찾은 마리아와 요셉. 여관을 잡지 못하자 마리아는 마구간에서 아기예수를 낳았다'를 당시의 처절한 상황에 빗대어 표현했다.

루벤스는 브뤼셀에서도 극진한 대접을 받는다. 특별 전시관에는 〈성모승천〉〈동방박사의 숭배〉 등 초대형 패널의 종교화들이 전시되었다. 플랑드르의 대표작들을 다 돌아볼 즈음, 나는 가장 궁금했던 그림 앞에 다다랐다. 프랑스 신고전주의 화가 자크루이 다비드Jacques-Louis David가 그린 〈마라의 죽음〉이다.

혁명기념일 전날인 1793년 7월 13일 파리. 프랑스 혁명 급진파인 자코뱅 당의 일원이자 저널리스트인 장폴 마라Jean-Paul Marat가 암살당했다. 범인은 25세의 노르망디 여성 코르데Charlotte Corday로, 자코뱅 당의 반대파인 지롱드 당 멤버들과 친분을 가지면서 은밀히 마라의 암살을 계획해왔다. 그녀는 홀로 마라의 집에 찾아가 지롱드 당의 비밀 정보를 알려주겠다며 면담을 요청한다. 심한 피부염으로 고생하던 마라는 유황 욕조에 몸을 담근 채 일하고 있었다. 그리고 잠시 후, 마라는 여성이 꺼낸 식칼에 무참히 찔려 즉사했다. 코르데는 현장에서 체포되어 4일 후 단두대에서 처형되었다. 자코뱅 당원이었던 다비드는 친구의 죽음 직후 현장을 찾았고, 그 비통함을 그림으로 남겼다.

올드마스터스 박물관의 전시장을 장식한 루벤스의 초대형 그림들. <성모승천> <동방박사의 숭배> 등 바로크 미술의 전형을 보여주는 걸작들이 전시돼 있다. 앞에 놓인 설치 조각은 벨기에의 신개념 예술가인 빔 델보예(Wim Delvoye)의 작품이다.

캔버스의 절반이 텅 비었다. 붉은 피가 스민 흰색 천, 양손에 들린 펜과 가짜 청원서, 바닥에 떨어진 피 묻은 칼. 디테일은 사실적이고 구도는 명쾌하다. 색은 절제되고 자세는 극적이다. 거뭇한 여백은 비극을 암시하지만 마라의 표정은 평온하다. 피부병을 앓았지만 죽음 앞에서는 고결하다. 미켈란젤로의 〈피에타〉가 연상된다. 친구를 청빈한 영웅으로 남기고 싶었던 다비드. 그러나 1794년, 자코뱅 당의 리더인 로베스피에르Robespierre가 처형되면서 화가와 그림 모두 위기에 처한다. 나폴레옹의 자비로 겨우 살아남아 궁정화가가 되었지만 루이 18세 때 (루이 16세 처형에 가담했다는 죄목으로) 벨기에로 추방당한 다비드는 끝내 고향땅을 밟지 못했다. 〈마라의 죽음〉은 프랑스 모처에 숨겨졌다가 19세기 중반에서야 유족의 간청으로 벨기에 왕립미술관으로 옮겨졌다.

맞은편에는 다비드의 마지막 작품 〈비너스에 의해 무장 해제된 마르스〉가 걸려 있다. 화가 스스로 '나의 75년을 다 담을 최후의 그림이다. 이것이 완성된 후에는 결코 붓을 들지 않으리라'고 선포했듯, 신고전주의의 정수를 보여준다. 1825년 12월, 77세의 다비드는 길을 걷던 중 마차에 치여 숨을 거둔다. 프랑스로의 송환이 거절당한 시신은 브뤼셀 묘지에 묻혔다. 한편, 파리의 페르 라셰즈Père Lachaise 공동묘지에 안치된 아내 무덤가에는 그의 얼굴 부조상이 있다(다비드의 심장만이 이쪽으로 옮겨왔다는 주장도 있다).

다비드 최고의 문제작으로 꼽히는 <마라의 죽음>(맨 위)과, 마지막 작품인 <비너스에 의해 무장 해제된 마르스>(위).

46

 기차가 출발하자 입구 쪽에 서 있던 사람들이 털퍼덕 주저앉는다. 우리도 계단 옆에 겨우 엉덩이를 걸치고 앉았다. 브뤼셀에서의 마지막 날, 짐 없이 편하게 당일치기로 다녀오자는 계획이 돌발 상황을 맞았다. 목적지까지의 소요 시간 30분, 얼마든지 버틸 수 있다. 기차가 다행히도 제시간에 멈췄다. 플랑드르의 중세도시, 겐트Gent 안내판이 보이자 모두의 얼굴에 화색이 돌았다.

 겐트의 역사지구에는 크고 작은 성당들과 오래된 건축물들이 즐비하다. 그중에서도 13세기 말에 세워져 장장 8백 년간 한자리를 지켜온 성 바프 대성당Sint-Baafskathedraal은 도시의 절대 강자다. 명성에 걸맞게 고딕양식의 내부는 크기와 찬란함의 극치를 보인다. 나는 인파를 뚫고 두리번거렸다. 이쯤 되면 저 많은 관광객의 발길이 한곳으로 쏠려야 할 텐데, 그들의 동선이 여기저기로 흩어진다. 그때 입구 쪽에서 안내판을 발견했다. (무료인 대성당과 달리) 4유로짜리 입장권을 별도로 구매하라는 내용이다. 겐트에 온 가장 큰 이유 앞에서 나는 망설임 없이 지갑을 열었다.

 북유럽 르네상스의 최고 걸작. 벨기에 미술 역사상 가장 위대한 작품. 유럽을 통틀어 가장 유명한 제단화. 세계 미술의 대표 보물 중의 하나. 반 에이크van Eyck 형제의 합작으로 완성된, 일명 '겐트 제단화'라 불리는 〈신비한 어린 양의 경배〉는 어두침침한 독방에 꼭꼭 숨겨져 있었다.

1420년대 초 겐트 시장은 반 에이크 형제에게 대성당의 가족 예배당에 걸릴 제단화를 주문한다. 형 후베르트Hubert가 전체적인 틀을 잡았지만 안타깝게도 1426년에 사망했다. 이후에 동생 얀Jan이 6년에 걸쳐 대부분의 패널을 완성했다. 이 시기는 이탈리아의 레오나르도 다 빈치와 미켈란젤로가 태어나기도 전이다. 총 12개의 패널로 구성된 다폭 제단화Polyptych는 유성물감을 사용한 세계 최초의 주요 회화로 꼽힌다. 또한 복잡한 인물과 구성은 수많은 상징과 은유를 내포하고 있어 지금도 즐거운 논쟁거리다.

제단화는 접었을 때와 폈을 때 각각 다른 구성이 된다. 두 날개 패널을 접으면 그림은 삼단으로 나뉜다. 맨 위에는 에리트라의 무녀와 쿠마이의 무녀를 중심으로 좌우에 이스라엘 예언자 즈가리야, 예수의 탄생을 알린 선지자 미가가 화면을 꽉 채운다. 중앙 좌우에는 대천사 가브리엘과 동정녀 마리아, 하단에는 (겐트의 수호성인) 세례자 요한과 (베이트 가문의 수호성인) 사도 요한, 양옆에는 주문자 베이트 부부가 있다. 신약성서의 수태고지대천사 가브리엘이 마리아에게 나타나 예수의 잉태를 예고한 장면를 표현했지만 창밖 풍경은 15세기의 건물이다. 당시로서는 혁신적인 매치다. 제단화를 펼치면 좀 더 복잡해진다.

상단 맨 중앙, 진주 장식의 붉은 예복을 입은 하느님이 오른손을 올려 축복을 내린다. 옥좌에는 (성찬 포도주를 상징하는) 덩굴과 (새끼에게 자신의 피를 먹이는 희생의 상징) 펠리컨이 새겨졌다. 발밑에는 왕관이 놓이고 뒤쪽 단에는 '그의 머리에는 죽음이 없는 삶

얀 반 에이크가 제작한 <신비한 어린 양의 경배> 제단화를 접었을 때의 모습.

〈신비한 어린 양에의 경배〉를 펼쳤을 때의 모습.

을, 이마에는 늙음이 없는 젊음을, 오른편에는 슬픔이 없는 기쁨을, 왼편에는 두려움이 없는 평안을'이라는 문구가 새겨졌다. 화관을 쓴 마리아는 옥좌에 앉아 책을 읽고, 성경책을 든 세례 요한은 손으로 하느님을 가리킨다. 마리아 옆에는 합창 천사들이 노래를 하고 세례 요한 옆에는 주악 천사가 파이프오르간을 친다. 패널 양쪽 끝에는 무화과로 나신을 가린 아담과 이브가 우울한 표정으로 아래를 응시한다.

하단 맨 중앙, 예수의 수난을 상징하는 어린 양이 가슴에 피를 흘리며 제단 위에 꼿꼿이 서 있다. 14명의 날개 천사들이 주위를 에워싼다. 그들의 손에는 십자가와 가시관, 채찍과 창이 들렸다. 제단 앞의 두 천사는 향로를 흔들고, 하늘로 오른 비둘기는 노란 광채 속에서 날갯짓을 한다. '생명의 샘'에서는 12제자를 상징하는 12줄기의 물이 뿜어 내리고 구약의 선지자와 예언자, 이교도 시인과 맨발의 사도들, 교황과 추기경과 사제들 그리고 순교자들이 주변을 둘러싼다. 패널 왼편에는 예수의 기사단과 정의로운 재판관들이, 오른편에는 순례자와 은둔자들이 구원의 신비를 경배하기 위해 다가온다. 풀밭에는 온갖 식물들이 피어나고 숲 저편에는 교회의 첨탑이 보인다. 상징과 은유, 치밀한 원근법과 세밀한 디테일, 인물과 자연의 결합, 풍부한 색감과 능란한 오일 기법. 12패널의 그림들은 불가사의로 가득 찼다. 그래서일까. 겐트의 제단화는 5세기에 걸쳐 모진 고난과 역경을 겪었다.

대성당에 걸린 후 첫 1세기는 무탈하게 지나갔다. 1566년, 가톨릭 우상숭배를 거부하던 개신교도들이 문을 부수고 침입하자 신심 깊은 호위병들이 재빨리 제단화를 해체해 탑 꼭대기에 숨겼다. 덕분에 무사히 살아남았다. 나폴레옹 점령 때는 당연히 전리품으로 약탈당해 루브르로 갔다가 1815년에 반환되었다. 이후 경제상황으로 인해 몇몇 날개 패널들이 전당에 잡혀 영국인 수집가와 프로이센 왕에게 연거푸 팔렸으며, 독일로 옮겨져 베를린 국립회화관에 보관되었다. 본국에 남겨진 패널들은 대형화재로 손상을 입어 브뤼셀에서 복원을 거쳤다. 1차 세계대전 때는 용감한 참사회 의원이 패널들을 고물장사 짐마차에 숨겼지만 결국 독일 군인들이 약탈해갔다.

1919년, 베르사유 조약1차 세계대전 이후에 열린 파리 평화회의의 결과로 31개 연합국과 독일이 맺은 강화조약 체결에 따라 베를린의 모든 패널들이 돌아왔다. 백 년 만에 감격적인 이산가족 상봉이 이뤄졌다. 그러나 1934년 성당에 침입한 도둑이 한 개의 패널(펼쳤을 때 아래 왼쪽에서 두 번째 '정의로운 재판관')을 훔쳐 달아났다. 범인은 끝내 잡히지 않았고 패널도 분실 상태다. 현재 복제품으로 감쪽같이 대체되었다.

2차 세계대전 발발 이듬해인 1940년에는 급히 바티칸으로 옮겨지던 중 이탈리아가 주축국2차 세계대전 당시 연합군의 반대편에 섰던 국가이 되면서 프랑스 남서부의 도시 파우Pau의 박물관으로 방향을 틀었다. 그러나 1942년 히틀러는 그마저 빼앗아 독일 바이에른 성에 숨겼다. 그래도 불안했던지 좀 더 안전한 오스트리아의 소금 광산으로 옮기고는 전세가 기울자 다이너마이트를 설치하라고 명했다. 연

겐트의 성 바프 대성당에 마련된 <신비한 어린 양의 경배> 특별관. 어두컴컴한 독방 유리 막 안에 전시돼 있어 정확한 감상은 불가능하지만, 이를 보기 위해 전 세계에서 온 방문객들이 줄을 지어 들어온다. 1432년에 완성되어 장장 5세기 동안 파란만장한 여정을 겪어온 겐트 제단화는 이제 고향땅에서 철저한 보호를 받고 있다.

합군이 들이닥치면 모두 날려버리겠다는 심산이었다. 이런 일촉즉발의 상황에서 폭탄을 해체한 영웅적인 광부들, 연합군의 '모뉴먼츠 맨Monuments Men: 나치에게 도둑맞은 예술작품들을 찾아내기 위해 결성된 집단'과 오스트리아 레지스탕스의 재빠른 대처로 제단화는 간신히 구출되었다. 탄생 이후 총 13번에 걸쳐 범죄의 희생양이 되고 7번의 도둑을 맞았으며 수십 번의 이동을 치러낸 겐트의 제단화. 뜯겨나가고 부서지고 불에 탄 상처투성이 패널들은 1945년 귀향한 후 범국가적 차원에서 철저하게 지켜진다.

전시실은 지하 동굴처럼 컴컴하다. 오로지 제단화 하나만을 위한 공간이다. 대여섯 명이 서 있기도 불편하다. 바닥에서 천장까지 이어진 유리막 안에 그림이 보인다. 흐릿한 데다 반사까지 되어 제대로 감상하기가 힘들다. 복원이 채 끝나지 않은 맨 왼쪽 아래 패널은 뻥 뚫렸다(2012년 10월 겐트 미술박물관에서 시작된 부분적인 복원은 2019년 12월 31일에 끝날 예정이라고 안내되어 있었다). 그리고 당연히 촬영금지다. 이 사실을 확인했을 때는 이미 내 손에 들린 카메라 셔터가 반사적으로 두어 번 눌린 후였다. 허겁지겁 카메라를 내리고 겨우 10분간 바라본 후 밖으로 나왔다. 그림의 자세한 묘사는 도판으로 확인하는 편이 낫다. 그러나 감격했다. 값으로 환산할 수 없는 보물 중의 보물이다. 나는 겐트에 왔고 겐트의 제단화를 육안으로 똑똑히 봤다.

47

겐트에서 서쪽으로 50킬로미터 떨어진 브뤼헤Bruges는 수 세기의 세월을 거스른다. 상상조차 하기 힘든 대과거를 눈으로 확인하고 싶은 이들에게는 환상의 타임머신 효과다. 중세 말, 무역항의 발달로 서쪽 플랑드르의 경제권을 쥐락펴락한 브뤼헤. 16세기, 즈윈Zwin 해협의 토사가 막히면서 항구 기능이 쇠퇴하자 경제가 급속도로 무너졌고, 이후 3백여 년간 황폐의 늪에서 헤어 나오지 못했다.

19세기 말 벨기에 작가 로덴바흐Georges Rodenbach는 이곳을 배경으로 소설『죽은 도시 브뤼헤Bruges-la-Morte』를 썼다. 또 책의 삽화를 맡았던 상징주의 화가 페르낭 크노프Fernand Khnopff는 파스텔화 〈버려진 도시〉를 그렸다. 물론 예술가의 허구적 상상이 보태졌겠지만 부귀영화를 누리던 플랑드르의 꽃은 분명 시들고 있었다.

그러나 브뤼헤의 저력은 20세기에 들어와 꿈틀거렸다. 두 번의 세계대전을 치열하게 겪었지만 1965년, 르네상스를 선포하고 대대적인 복구에 나섰다. 오랜 건물들을 다듬고 길을 정돈했으며 경제활동을 부추겼다. 관광산업에 승부사를 던진 것이다. 2000년에는 역사지구 전체가 유네스코 세계문화유산으로 등재되었고, 2002년에는 유럽연합이 선정한 '유럽의 문화 수도'라는 타이틀까지 거머쥐었다. 중세의 영광은 헛되지 않았다. 고딕양식의 유적들은 통째로 야외 박물관이 되었다. 거기에 베네치아 부럽지 않은 운하가 골목을 누볐다. 겐트를 떠나 브뤼헤로 이동한 나는 한때 버려

졌던 도시의 화려한 부활을 제대로 체험하고 있었다.

홀로 돋보이는 건물은 없다. 모두가 다 특별하니까. 함께 어울려내는 중세의 목소리다. 성 살바토르 대성당Sint-Salvatorskathedraal은 이들 중에서도 최고참이다. 잘 버텨줬기에 더 훌륭하다. 파이프오르간과 태피스트리, 플랑드르 회화들이 경건한 실내를 거든다. 성 요한 병원Sint-Janshospitaal도 연륜에서는 처지지 않는다. 중세 때 병든 순례자와 여행자들의 보호소였던 이곳은 유럽에서 (현존하는) 가장 오래된 병원 건물이라는 훈장도 받았다. 얌전한 벽돌집과 안뜰이 모여 독립된 은신처를 만들고, 방문객들은 그 울타리 안에서 잠시 쉬어간다. 치유의 역할은 현재진행형이다.

성모마리아 성당Onze-Lieve-Vrouwekerk의 휜칠한 탑은 스카이라인을 책임진다. 고딕과 바로크의 화려한 혼합은 한때 번창했던 도시의 재력과 신앙심을 증명한다. 먼 타국에서 날아온 보물도 한몫한다. 16세기 초, 이탈리아 피렌체에서 브뤼헤까지 길고 긴 1천5백 킬로미터의 여정을 단행한 작은 조각상 하나. 지금은 공사용 구조물에 첩첩이 둘러싸여 관람객을 맞는다.

1504년경, 30대에 막 접어든 미켈란젤로는 시에나 대성당에 들어갈 조각을 의뢰받는다. 대리석의 고장 카라라에 머물며 〈성모마리아와 아기예수〉를 제작했지만 성당과의 의견차로 계약이 불발된다. 새 주인이 절실했던 조각상은 마침 이탈리아 방문 중인 브뤼헤의 상인, 무스크론Mouscron 형제에게 팔렸다. 그들은 가문의 영광으로 고이고이 간직하다가 후에 성모마리아 성당에 기증했다. 저지대국가가 보유한 단 하나의 미켈란젤로 조각이 된 것이다. 이 역시 프랑스 점령과 2차 세계대전 때 약탈당했다가 반환되었다(아, 나폴레옹과 히틀러의 남의 나라 예술품 집착은 정말 대단하다).

그러나 브뤼헤의 진정한 미술 자존심은 얀 반 에이크다. 비록 그의 인생 역작인 〈아르놀피니 부부의 초상〉은 런던에, 〈신비한 어린 양의 경배〉는 겐트에 있지만 한때 이곳에 머물렀던 화가의 도시답게 그뢰닝게 박물관 Groeningemuseum은 주옥같은 초상화와 풍경화 몇 점을 소유하고 있다. 이탈리아보다 수십 년 먼저 북유럽 르네상스를 선도했던 화가의 땅 아닌가.

고풍스런 집들의 아랫단이 운하 속에 첨벙 잠긴다. 물줄기는 요리조리 도시를 누빈다. 그 사이를 보트들이 거품을 일으키며 지나간다. 운하 옆의 야외 카페가 들썩인다. 중세풍 건물들이 에워싼 마르크트 Markt 광장은 브뤼헤 관광의 절정이다. 기온은 35도를 육박하고 한낮의 태양은 작열한다. 크노프의 스산한 그림과 전혀 연결되지 않는다. 베네치아의 '비 낭만적인' 여름과 비슷하다. 너무 쓸쓸하지도 너무 부산스럽지도 않은 계절에 오면 내 감성의 색깔이 달라질까.

북쪽을 향해 골목 뒤편으로 접어든다. 버프 Burg 광장은 얀 반 에이크의 과거를 땅에 묻고 산다. 플랑드르 각지를 다니며 활동하다가 1429년 브뤼헤에 정착한 청년 화가. 한때 이곳에 존재했던 건

맨 왼쪽 위 브뤼헤에서 가장 오래된 연륜을 자랑하는 성 살바토르 대성당.

맨 왼쪽 아래 고딕과 바로크 양식의 화려한 혼합으로 지어진 성모마리아 성당.

위 유럽에서 (현존하는) 가장 오래된 병원 건물인 성 요한 병원.

왼쪽 성모마리아 성당에 놓인 미켈란젤로의 조각 <성모마리아와 아기예수>.

물에서 사망 직전까지 12년간 살았다. 그러나 이 건물은 20세기 초 화재로 무너져 아예 자취조차 찾아볼 수 없다. 광장 앞에는 말끔한 디자인의 크라운 플라자 호텔이 있다. 브뤼헤의 최대 가톨릭 성소였던 성 도나스 대성당Sint-Donaaskathedraal이 들어섰던 자리다. 이 역시 프랑스 군대가 파괴하면서 사라졌다. 지하에 묻힌 얀 반 에이크의 시신과 함께.

1878년, 브뤼헤 시는 아쉬움을 달래듯 버프 광장에서 북쪽으로 3백여 미터 떨어진 곳에 기념물을 세웠다. 높이 3.75미터, 무게 1천 7백 킬로그램에 달하는 전신 동상은 백 년 넘게 얀 반 에이크 광장 Jan van Eyckplein을 늠름히 지켜왔다. 인공으로 되살아난 화가의 흔적이다.

역사지구 전체가 유네스코 세계문화유산으로 등재된 브뤼헤. 중세 말, 서쪽 플랑드르의 경제권을 거머쥐었던 이 도시는 이후 수백 년간 쇠퇴의 아픔을 이어갔다. 20세기 들어와 브뤼헤는 새로운 부흥에 성공했다. 브뤼헤의 중심인 마르크트 광장은 연일 관광객으로 북적인다. 또 '북부의 베니치아'라 불릴 만큼 아름다운 운하가 도시를 에워싼다.

48

저녁 나절에서야 브뤼셀 호텔에 도착했다. 온종일 쌓인 노곤함을 채 풀기도 전에 서둘러 식사를 끝내고 다시 산책길에 나섰다. 브뤼셀에서의 마지막 날, 내 머릿속에는 놓칠 수 없는 두 곳이 맴돌았다. 8시쯤, 호텔에서 멀지 않은 샤펠Chapelle 광장까지 왔지만 노트르담 드 라 샤펠 성당Église Notre-Dame de la Chapelle 문이 굳게 닫혔다. 이런. 대신 건물 앞 공터에 화가의 청동상이 보인다.

어깨에는 고깔모자를 쓴 작은 원숭이가, 눈앞에는 알맹이 없는

왼쪽 노트르담 드 라 샤펠 성당 앞에 설치된 대 피테르 브뤼헐의 동상.
오른쪽 마그리트를 비롯한 초현실파 예술인들이 즐겨 찾던 라 플뢰르 엉 파피에 도레.

액자 틀이, 그 위에는 새가 앉았다. 1563년 안트베르펜에서 브뤼셀로 이주한 대 피테르 브뤼헐이 빈 캔버스를 향해 붓을 들었다. 이 성당에서 결혼식을 올리고 이 성당에 묻힌 화가는 죽기 직전 아내에게 신신당부를 했다. 몇몇 스케치를 꼭 불태우라고. 너무 신랄하게 사회를 풍자해 당신에게 피해가 갈 수 있다고. 이제 피해는커녕 미술 사가들의 호기심에 불을 지피는 명작들이 되었으니.

성당 뒤편을 돌아 알렉시앙Alexiens 길로 접어들었다. 이쯤이면 저절로 찾아질 줄 알았다. 주소와 지도를 몇 번이고 들여다봤다. 오픈 시간까지 확인하고 왔거늘, 전화를 걸어도 답이 없다. 한참을 헤매던 나는 입구 위편, 보일락 말락 한 간판 하나를 찾아냈다.

활짝 열린 문으로 재즈 선율이 들려온다. 실내는 담배 연기가 자욱하다. 중산모를 쓴 신사들이 들락거린다. 초현실파 시인과 화가들이 머리를 맞대고 토론한다. 말소리, 술잔 부딪치는 소리, 음악 소리…. 영화 〈미드나잇 인 파리〉의 주인공처럼 나는 과거의 '그'를 찾고 있었다. 그러나 현실이 가로막는다. 카페 '라 플뤠르 엉 파피에 도레'. 평일 저녁, 알 수 없는 이유로 빗장을 걸어 잠갔다. 동네는 허전하고 썰렁하다. 나는 한참이나 그 앞을 서성댔다. 무엇을 기대했던 걸까. 지금 할 수 있는 거라고는 이곳을 무시로 들락거렸을 한 남자, 르네 마그리트를 상상으로 떠올리는 것뿐이었다.

France

파리 Paris
바르비종 Barbizon

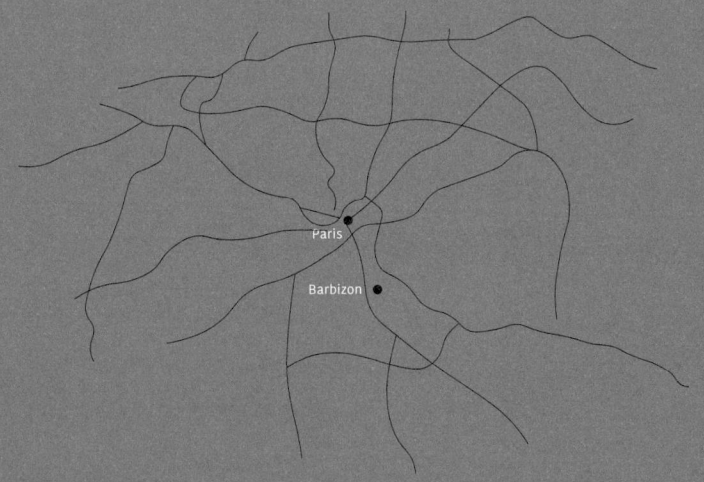

등장 인물

외젠 들라크루아 Eugène Delacroix, 1798~1863
프랑스 낭만주의 미술을 일으키고 발전시킨 대표 화가. 역동적인 붓 터치와 드라마틱한 내용, 격정적인 색깔과 이국적인 분위기는 후대 예술가들에게 많은 영감을 주었다. 종교와 신화, 문학과 역사를 그림의 소재로 택했으며 회화는 물론이고 성당의 대형 벽화를 통해서도 자신의 예술관을 뚜렷이 남겼다. 서양 미술사 최후의 역사 화가로 불린다.

장 프랑수아 밀레 Jean-François Millet, 1814~1875
프랑스 사실주의 미술 운동의 하나인 일명 '바르비종 화파'의 선구자. 퐁텐블로 숲 근처의 작은 마을 바르비종에 머물며 농촌 풍경과 농부들의 일상을 가감 없이 그렸다. 고전적이고 전통적인 화풍에 사실적인 묘사를 결합하면서 자신만의 뚜렷한 색깔을 만들어냈다. 그의 그림은 후에 빈센트 반 고흐에게 깊은 영감을 주었다.

49

택시가 오페라 대로로 들어섰다. 가로수 하나 없는 휑한 6차선 도로에 차들이 뒤엉켰다. 오페라 가르니에 극장의 둥근 지붕이 햇빛에 번쩍인다. 깃발을 앞세운 단체 관광객들이 줄지어 걷는다. 여름의 파리는 외지인들의 몫이다. 기록적인 폭염이 오늘과 내일에 걸쳐 파리를 강타할 거라는 일기예보를 들었을 때 별로 놀라지 않았다. 섭씨 45도의 라스베이거스를 여행한 후 생긴 담대함이다.

파리는 내게 시작이거나 종착역이었다. 늘 그랬다. 왜 이 도시는 처음의 설렘 혹은 마지막의 안도감에 맞춰질까. 왜 나는 니스에서 굳이 네덜란드까지 올라갔다가 다시 프랑스로 내려오는 여정을 택했을까. 왜 파리에서 끝내고 싶었을까.

이탈리아 로마에 다녀와야 화가의 입지가 다져지던 시대가 있었다. 그 영광의 자리를 19세기부터는 파리가 차지했다. 바다를 건너고 국경을 넘어 예술의 메카로 모여든 이방인들. 프랑스 각지에서 화가의 꿈을 안고 상경한 청년들. 요동치는 파리의 뒤안길에서 보들레르의 냉소적인 시에 탐닉할망정 그들은 빛의 도시를 밀어내지 못했다.

나는 6년 만에 파리에 왔다. 인상파 화가들의 흔적을 찾아다니던 그때, 마네의 꼿꼿함이 모네의 절절함이 르누아르의 따뜻함이 드가의 고독이 비집고 들어왔었다. 그들이 뿌린 순간의 인상은 영원한 기억으로 남았다. 그리고 파리는 내게 손짓한다. 수십 수백 번을 퍼도 마르지 않을 샘이 준비돼 있다고. 넘치도록 담아가라고.

50

6년은 강산이 변할 만큼 긴 세월이 아니다. 그런데 파리가 그새 관대해졌다. 오르세 박물관Musée d'Orsay과 오랑주리 박물관Musée de l'Orangerie이 사진 촬영을 허가한다는 소식을 접했을 때 일정표에서 지워졌던 두 미술관이 첫 주자로 올라왔다. 파리의 기온이 일기예보와 정확히 맞아떨어진 오늘, 에어컨 없는 찜통 버스에서 내린 후 예매 티켓을 들고 재빨리 오르세 건물 안으로 들어갔다.

첫 번째 방에 걸린 팡탱라투르Henri Fantin-Latour의 집단 인물화 〈들라크루아에게 보내는 경의〉를 본 순간 참으로 오랜만에 심장이 벌렁거렸다. 파리에서 만날 들라크루아에 대한 기대감, 그리고 내 시선을 사로잡은 마네와 보들레르 때문이었다. 익숙한 그림들이 새로운 감동과 뒤섞이면서 나를 흥분시켰다. 카메라 셔터를 부지런히 눌러댔다. 몇몇 그림 앞에서는 발이 떨어지지 않았다. 가슴 벅차했던 6년 전 그때로 돌아가고 있었다.

드가의 어린 발레리나가 허리를 펴고 포즈를 취한다. 르누아르의 도시와 시골 무도회는 오늘도 흥겹다. 마네가 파격적인 〈풀밭 위의 점심식사〉로 화끈한 메시지를 전한다. 모네는 감성적인 〈풀밭 위의 점심식사〉로 이에 화답한다. 세잔이 걸쭉한 붓놀림으로 특별한 사과를 창조한다. 시냐크의 붓 끝이 여인의 옷자락에 무수한 점들을 찍는다. 반 고흐는 몽마르트르 언덕을 회색빛으로, 오베르의 전원을 황금과 푸른빛으로 채운다. 원시와 사랑에 빠진 고갱

시계 방향으로 팡탱라투르의 <들라크루아에게 보내는 경의>, 드가의 조각 <14세의 어린 무용수>, 모네의 <풀밭 위의 점심식사>, 르누아르의 <도시의 무도회> <시골의 무도회>, 시냐크의 <파라솔을 든 여인>.

은 마르키즈 군도의 '쾌락의 집' 입구를 섬세한 조각으로 장식한다. 특별전이 열리는 베르트 모리조의 방은 여성을 그린 여성 화가의 섬세함이다. '눈에 보이는 것만 그린다'는 사실주의의 기수들도 전시장을 울린다. 쿠르베의 대작 〈오르낭의 매장〉은 죽음마저 일상이다. 바르비종 화가들의 풍경화는 더하지도 덜하지도 않은 농부들의 하루다. 밀레의 〈만종〉과 〈이삭줍기〉는 절박한 현실이다. 오르세는 19세기 화가들의 성전이다.

오랑주리까지는 도보로 15분 거리다. 한낮의 태양이 온몸을 불사른다. 냉방이 잘된 오르세에서 점심을 먹으려던 계획은 긴 대기줄 앞에서 전면 수정되었다. "지난번에 튈르리 공원에서 밥 먹지 않았나? 오랑주리 가는 길에 식당이 있었던 거 같은데." T의 말에 희망이 생겼다. 벌써 2시가 넘어간다. 우리는 매우 천천히 걸음을 떼었다. 숨쉬기에 무리가 올까봐 서로 말도 하지 않았다. 행인들도 없다. 그런데 숲속에 야외 카페가 보인다. 재앙이 몰아닥친 세기말의 피난처와도 같다.

"저쪽으로 가시죠. 나무 이파리가 많아서 그늘이 지거든요."

열기로 얼굴이 시뻘겋게 달아오른 웨이터가 겸연쩍게 말한다. 안쓰럽게도 긴 와이셔츠에 넥타이까지 맸다.

"네? 실내에는 자리가 없나요?"

"들어가셔도 되지만 냉방이 안 돼서. 바깥이 좀 나을 텐데요."

우리는 뒤에 들어온 손님들을 보며 이마저 뺏길까 봐 무성한 나무 밑의 좌석을 잽싸게 차지했다. 화장실에서 세수를 하고 손수건

맨 위 마르키즈 군도의 '쾌락의 집' 입구의 문 장식. 고갱의 마지막 작업이다.
위 사실주의 화가들의 작품들이 전시된 특별관.

위 사실주의 화가 쿠르베의 걸작 <오르낭의 매장>.

왼쪽 인상파의 대표적인 여류화가 베르트 모리조의 <요람>.

을 적셔 몸을 닦고 찬 음료와 샐러드를 간신히 먹은 후 후다닥 일어섰다. 현재 기온은 45도다.

6년 전, 텅 빈 오랑주리에서 하염없이 모네의 수련을 바라보며 눈물까지 글썽거렸던 나는 2019년 여름, 새로운 환경에 적응하려 애쓰고 있다. 사람들이 와글거리는 전시장에서 감상용 의자에 앉을 틈도 없이 5분 만에 사진을 찍고 밖으로 나왔다. 기록을 남겼다는 데에 만족할 수밖에.

건물 앞에는 막 도착한 노인 단체 관광객들이 가이드의 설명을

듣고 있다. 뒤에 처진 한 부부가 숨을 고르며 간신히 움직인다. 남편은 목발을 짚었고 아내 역시 걷는 게 불편해 보인다. 일흔을 훌쩍 넘겼을 그들의 얼굴에서 땀이 쉬지 않고 흘러내린다. 그런데도 미소를 띤다. 가이드북을 보며 대화를 나눈다. 무엇이 그들을 여기까지 오게 한 걸까. 이런 날씨면 일정 하나쯤 마다할 수 있었을 텐데. 시력을 잃어버린 모네가 필사적으로 매달린 최후의 작품을 쉽게 저버릴 수 없었던 걸까. 여행은 정말 아름다운 힘이다.

51

하루 만에 수은주가 10도 내려갔다. 호텔 직원들도 '이제 됐다'고 안심시킨다. 35도가 이렇게 편히 느껴질지 몰랐다. 오늘은 몽마르트르에 가도 괜찮겠다. 지난번에는 인상파에 집중했던 탓에 르누아르와 반 고흐의 거주지만 보고 돌아섰던 나는 저 사연 많은 언덕에 숙제 하나를 남겨둔 기분이었다.

몽마르트르 북쪽, 콜랭쿠르Caulaincourt 지하철역에서 내려 한참이나 비탈길을 오르니 모퉁이 왼편에 나지막한 주홍색 담벼락이 보인다. 녹음이 우거진 나무와 초록색 창문 덮개까지 어우러져, 흡사 지중해 연안의 가옥 같다. 그런데 입구에 걸린 빛바랜 사진들이 예사롭지 않다. 이 집의 이름은 라팽 아질Lapin Agile, '민첩한 토끼'라는 뜻이다. 외형은 산골 어디쯤의 개화된 오두막 같지만 엄연히 지금도 밤마다 흥청거리는 카바레다.

대략 1860년쯤부터 존재했다고 알려지는데, 한때는 전설 같은 얘기가 떠돌았다. 강도가 침입해 주인 아들을 살해하면서 '암살자의 카바레'라 불렸다는 것. 1875년에는 화가 앙드레 질André Gill이 냄비 밖으로 줄행랑치는 토끼를 벽면에 그렸고, 이웃들은 이때부터 '라팽 아질'이라는 별칭으로 부르기 시작했다. 그런데 왜 이렇게 유명해졌을까.

20세기 초 철거 직전의 건물을 사들인 브뤼앙Aristide Bruant: 가수이자 나이트클럽 사장. 화가 로트렉의 포스터 모델로도 유명이 일등공신이다. 이후 몽마르

19세기 중반부터 존재했다는 카바레 라팽 아질은 '민첩한 토끼'라는 의미를 갖는다. 20세기 초 새롭게 단장하면서 피카소를 비롯한 젊은 예술가와 작가들이 찾아들었고 지금까지도 그 유명세를 유지하고 있다. 피카소는 이곳을 배경으로 <라팽 아질에서>라는 그림을 남겼다.

트르에서 고군분투하는 예술가와 작가들이 하나둘 찾아들었다. 저녁이면 모여 고단한 삶을 위로하고 서로 머리를 맞대며 '예술은 무엇인가?'를 열띠게 토론하던 그들. 스페인에서 파리로 입성한 20대의 피카소도 그중 하나였다. 그림도 남겼다. 〈라팽 아질에서〉의 두 남녀. 어릿광대는 피카소 자신이고 여성은 당시의 연인 제르맹 피쇼Germaine Pichot다. 미국 배우 스티브 마틴Steve Martin은 1993년에 희곡 『라팽 아질에서의 피카소Picasso at the Lapin Agile』를 발표했는데, 아인슈타인과 피카소의 만남을 가상으로 묘사한 내용이다.

청년 피카소의 발자취는 남쪽으로 3백 미터 내려와 가브리엘Gabrielle 거리 49번지로 이어진다. 1900년 10월, 바르셀로나에서 만난 두 또래 친구는 만국박람회 참가를 위해 파리로 온다. 19세의 피카소와 20세의 카사헤마스Carles Casagemas. 그들은 몽마르트르의 아파트에 머물렀지만, 이듬해 카사헤마스가 권총 자살을 하면서 일대 변화가 몰아친다. 친구의 절망적인 죽음이 은유적으로 담긴 작품, 〈인생〉. 불과 스물두 살의 피카소가 온통 죽은 푸른빛으로 물들인 이 그림은 암울한 시기, '청색시대'를 대표한다.

피카소의 첫 스튜디오에서 백 미터쯤 떨어진 에밀 구도 광장19세기 프랑스 작가 에밀 구도(Émile Goudeau)의 이름에서 따왔다은 마로니에 이파리가 무성하다. 노인들이 산책을 나오고 커다란 개도 조약돌 바닥에 털퍼덕 주저앉는다. 광장과 마주한 건물 앞에는 '파리 역사유물'이라는 명판이 세워져 있다. 1층 쇼윈도에는 오래된 기록물과 사진이 걸렸다. 몇몇 관광객들이 호기심에 발길을 멈추고 기념사진을 찍는

위 '세탁선'이라는 뜻의 '바토라부아르'라 불리는 이 건물은 19세기 말 피카소와 브라크, 시인 아폴리네르 등 가난한 화가와 문인들이 무단으로 거주하면서 20세기 현대 예술의 뜨거운 용광로가 되었다.

오른쪽 1900년, 파리로 이주한 피카소의 첫 거주지였던 가브리엘 거리의 아파트.

다. 그저 한가롭기만 한 이 동네가 한바탕 시끌벅적한 시절이 있었으니, 바로 저 건물 하나 때문이었다.

피아노 공장으로 쓰이던 허름한 목조 건물이 이상야릇하게 변해간 건, 1890년 풍경화가 모프라 Maxime Maufra 가 '무단 입주'하면서부터다. 그 뒤를 이어 몽마르트르의 가난한 화가와 문인들이 어둡고 너저분한 공간에 눈독을 들였다. 그들은 집세 없는 3층짜리 건물에 주렁주렁 짐을 들고 모여들었다. 시인 아폴리네르 Guillaume Apollinaire 와 자코브 Max Jacob, 화가 브라크 Georges Braque 와 모딜리아니 그리고 피카소가 거주자들 명단에 이름을 올렸다. 그들을 만나러 온 친구들까지 포함하면 다 쓰러져가는 집에 연일 수십 명이 들락거린 셈이다. 이처럼 20세기 현대 예술의 용광로는 우연찮은 장소에서 운명처럼 타올랐다.

20여 개의 방들은 미로처럼 뒤섞였다. 계단은 임시방편으로 세워졌다. 식수용 수도꼭지는 딱 하나였다. 여기저기에서 온갖 소음들이 난무했다. 싸우는 소리, 노랫소리, 침대가 덜커덩거리는 소리, 문이 쾅 닫히는 소리, 흐느끼는 소리…. 겨울은 빙하시대를 방불케 하고 여름은 초대형 찜통을 갖다놓은 듯했다. 폭풍이라도 몰아치면 건물 전체가 흔들렸다. 시인 자코브는 이 상황이 마치 센 강에 떠 있는 '세탁선 洗濯船: 17~20세기 세탁기가 보급되기 전, 강을 낀 유럽의 대도시에서 성행하던 공공세탁 방법. 배 위에 목조 가건물을 세워 강변이나 수상에 띄워 놓았다' 같다며, 이 주거지의 이름을 '바토라부아르 Bateau-Lavoir: 세탁선의 프랑스어'라고 지었다.

1904년, 23세의 피카소는 건물 맨 꼭대기 층에 입주했다. 그리고 처음으로 진지한 연애를 시작했다. 상대는 화가들의 모델 일을 하던 동갑내기 여성 페르낭드 올리비에Fernande Olivier. 두 사람은 곧 동거에 들어갔다. 친구의 자살 이후 절망에 빠졌던 피카소는 즐거운 시절을 맞았다. 카니발의 배우와 어릿광대들이 그림에 등장했다. 힘겨운 색 '블루'도 내던졌다. 바야흐로 생기 넘치는 '장밋빛시대'로 접어들었다.

그는 매일매일 수십 장의 스케치를 했다. 늦은 밤까지도 이젤 앞을 떠나지 않았다. 1907년, 서양미술사에 기록된 최초의 입체파 그림 〈아비뇽의 처녀들〉은 이렇게 탄생되었다. 허접한 방 한편에서 살인적인 추위와 더위를 견뎌내며 성취한 젊은 무명 화가의 쾌거였다(당시에는 혹평과 비난 일색이었다). 그로부터 2년간 세탁선은 입체파의 온상이 되었다.

올리비에는 피카소와 7년을 살고 헤어졌다. 1933년, 그녀는 회고록 『러빙 피카소Loving Picasso』에서 세탁선에 머물던 시절을 이렇게 묘사했다. "피카소의 작업실은 정말 불결했다. 녹이 슨 쇠 난로, 지저분하고 불편한 공간, 여기저기 제멋대로 놓인 캔버스와 물감들, 심지어 쥐까지. 여름이면 피카소와 친구들이 더위를 참지 못해 옷을 벗어던지고 거의 나체로 살았다."

중년에 누리던 남프랑스 저택과 비교하면 형편없는 환경이었지만, 남루하든 호사스럽든 피카소에게는 상관없어 보인다. 스스로 뿜어낸 긴장과 열정이 충분한 동기 부여가 되었을 테니. 유명해

진 후에도 피카소는 종종 그때를 떠올리며 소회를 털어놨다. "우리는 해낼 줄 알았다. 우리는 정말 행복했었다. 우리는 그곳에서 화가로 살았고 인정받았다. 우리는 호기심 많은 신기한 동물이 아니었다." 힘든 것과 불행한 건 다르다. 젊었을 때는 특히 더 그렇다. 물리적인 고통마저 희망으로 녹여낼 수 있으니까.

에밀 구도 광장을 벗어나 피카소의 다음 거주지인 클리시Clichy 대로 11번지로 가다가, 그만 걸음을 멈췄다. 3백 미터만 더 내려가면 될 일을, 야외 카페에서 아이스커피를 마시며 빈둥거렸다. 피카소의 청춘시대는 몽마르트르 언덕으로 족했다. 나른한 오후, 오늘은 이만 게을러지고 싶다. 그러고 보니 파리의 불타는 여름도 지낼 만하다.

52

1970년대 파리 3구 토리니Thorigny 거리 5번지에는 17세기의 전형적인 파리 스타일 건물, 오텔 살레Hôtel Salé: 여기에서의 Hôtel은 개인의 대저택을 의미'가 있었다. 역사기념물로 지정되어 묵묵히 거리를 빛내던 이 건물에 어느 날 미술의 바람이 불어왔다. 피카소 사망 1년 후인 1974년, 미망인 재클린이 토지세 대신 작품을 기증하는 방식인 '다시옹Dation: 1960년대 프랑스가 공식적으로 만든 법'을 선택하면서부터다.

프랑스 정부는 당연히 대환영이었다. 생전에 '나는 세상에서 가장 훌륭한 피카소 작품 수집가다'라고 호언장담했던 피카소. 그의 집에서 쏟아져 나온 작품들은 양적 질적으로 풍부했다. 고전적인 건축물 오텔 살레가 이들의 둥지로 선정되었다. 파리시는 20세기 최고의 예술가를 모시기 위해 대대적인 보수에 들어갔다. 1985년, 드디어 국립 피카소 박물관Musée National Picasso이 긴 워밍업을 끝내고 힘차게 문을 열었다.

건물 로비에 대형 흑백사진이 걸렸다. 모래사장에 웃통을 벗고 누운 피카소다. 그가 사랑했던 남프랑스 코트다쥐르의 이미지와 잘 맞아떨어진다. 전시장의 시작은 바다와 태양이다. 그림 〈팬파이프〉에서는 두 소년이 푸른 바다와 황금색 회벽을 등지고 섰다. 그리스 신화에 등장하는 '목신牧神의 피리'가 지중해로 무대를 옮겼다. 신화는 피카소의 단골 주제다. "만일 지도 위에 나의 행적들을

CALDER-PICASSO
MuséePicassoParis

so,
obstinément
erranéen

시계 방향으로 칸 언덕에 위치한 피카소의 대저택 칼리포르니에의 스튜디오 장면. 이곳에서 피카소의 명작들이 많이 탄생했다. 그리스 신화에 등장하는 '목신의 피리'를 연상케하는 그림 <팬파이프>. 70대의 피카소가 발로리스에 머물며 쏟아낸 수많은 도자기 작품들.

<u>선으로 연결하면 미노타우로스</u><sub>인간의 몸에 황소의 머리와 꼬리를 지닌, 그리스 신화
의 괴물</sub><u>의 윤곽이 될 것이다.</u>" 참으로 피카소다운 해석이다.

15세 때 그린 바르셀로나 항구는 화가의 뿌리다. 개인 수집품인 고대 이베리아반도의 청동상들은 불멸의 모티프다. 발루리스의 도자기들은 노년의 도전이다. 비행기를 쳐다보는 누드 여인들은 세잔의 〈수욕도〉에 대한 오마주다. 벽면을 가득 채운 흑백사진 속 칸의 스튜디오는 열정의 산실이다.

2층 특별관에서는 키네틱 아트의 선구자, 알렉산더 칼더_{Alexander Calder}와 피카소의 기획전이 열린다. 17년의 나이 차가 있지만 평면과 입체 미술을 뒤흔든 동시대 혁명가들이다. 1931년, 30대의 칼더가 파리에서 전시회를 열던 날 중년의 피카소가 찾아온다. 만남은 이뤄졌지만 친구는 되지 못했다. 오히려 비평가들이 두 사람을 비교하는 데 재미를 들였다.

칼더의 모빌이 살랑살랑 움직인다. 배경은 그때그때 빈 공간으로 침투한다. 때로는 관람객과 겹쳐지고 때로는 창문틀이 파고든다. 피카소의 '입체적인' 평면 그림도 덩달아 출렁인다. 놀랍도록 잘 어울린다. 생전에 두 사람이 협업을 했다면 어떤 일들이 벌어졌을까.

전시장 곳곳에서 피카소의 비범한 손길이 튀어나온다. 편편한 캔버스 위에서 자유자재로 공간이 해체되고 다시 모인다. 안락의자에 앉은 여인도, 임신한 여인도, 서 있는 여인도, 베개를 벤 여인도 형태가 뒤틀리고 각도가 뒤섞인다. 자르고 정리하라. 사실적인 황소 스케치가 몇 과정을 거쳐 군더더기를 털어낸다. 통달한 예술가의 극단적 단순함이다. 언제 봐도 유쾌한 '원 라인 드로잉One Line Drawing'이다. '예술은 일상의 먼지로 뒤덮인 영혼을 씻어내는 것'이라 했던 피카소. 나는 단 하나의 선으로 이어진, '황소처럼 보이는' 드로잉 앞에서 자꾸만 웃음이 나왔다.

53

"들라크루아는 열정과 열정적으로 사랑에 빠졌다. 그리고 가장 시각적인 방식 속에서 열정의 의미를 냉정하게 찾기로 결정했다. 이런 이중적 성향 속에서 우리는 두 가지 특징을 발견할 수 있다. 그는 대단한 천재이며 최고의 천재라는 것."

샤를 보들레르Charles Baudelaire: 19세기 후반 프랑스의 시인, 『외젠 들라크루아의 삶과 작업The Life and Work of Eugène Delacroix』 중에서, 1863년.

1822년, 스물네 살의 외젠 들라크루아는 〈단테의 배〉로 파리 가을 살롱전에 데뷔했다. 단테의 『신곡』 중 지옥 편 제8곡을 소재로 한 그림이었다. 평은 엇갈렸지만 이상하고도 신선한 기운이 감지된 건 분명했다.

무거운 납빛은 공포였다. 거무칙칙한 안개는 절망이었다. 새빨간 터번을 두른 남자는 격렬했다. 죽은 자들이 허우적댔다. 파리 화단에 퍼져 있던 아름다운 신고전주의가 보란 듯이 뒤집혔다. 들라크루아는 이렇게 시작했다. 저 아래쪽 이베리아 반도에서 일흔여섯 살의 고야가 '귀머거리의 집'을 블랙 페인팅으로 채우던 그해, 파리에서는 풋내기 화가가 도전장을 냈다. 두 사람은 반세기의 격차를 가졌지만, 바라보는 방향이 비슷했다. 주관적인 감성, 신비와 상상, 민낯의 본능. 그건 바로 낭만주의였다.

들라크루아의 바탕은 문학이다. 셰익스피어의 햄릿을 자유자재로 시각화하고 바이런의 희곡에서 환상을 끄집어냈다. 라파엘로

외젠 들라크루아 1798~1863

Eugène Delacroix

◆ "천재의 원천은 오로지 상상력이다. 이는 곧 다른 사람들이 보지 못하는 것을 보거나 또는 다르게 보려는 감각들이 정화된 것이다."

들라크루아의 1822년 작 <단테의 배>.

와 루벤스를 존경했지만 고전의 틀에 얽매이지 않았다. 서양미술사 최후의 역사 화가로 불릴 만큼 신화와 종교에 심취했지만 붓 터치는 맹렬했다. 그는 아카데미의 전통적인 틀에서 벗어나고자 했다. 성당 벽화에서도 남다른 해석을 서슴지 않았다. 성경 이야기를 즐겼지만 비신앙인처럼 풀었다. 보들레르는 그를 가리켜 '현대적인 종교화를 제작할 줄 아는 유일한 화가'라 칭했다.

파리에는 들라크루아의 벽화가 세 군데에 남겨져 있다. 나는 피카소 박물관에서 나와 긴 골목 하나를 지났다. 평범한 동네에 로마 판테온을 연상시키는 우렁찬 기둥들이 보인다. 주민들이 건물 앞을 무심히 지난다. 이 정도 규모는 예사로운 모양이다.

생드니 뒤 생새크러망 성당Église Saint-Denys du Saint-Sacrement의 문을 열자 실내가 텅 비었다. 중앙제단화 외에는 장식물이 거의 없다. 벽면 한쪽에 움푹 들어간 생트즈느비에브Sainte-Geneviève: 파리의 수호 성녀 예배당은 더 단출하다. 나는 덩그러니 놓인 의자에 앉았다. 어디선가 녹음된 성가가 울려 퍼진다. 기도하고 명상하고 감상하라는 분위기다. 벽면에 걸린 유화 한 점이 노르스름한 조명을 받는다. 들라크루아가 46세에 완성한 〈피에타〉다.

성모마리아가 두 팔을 벌렸다. 마치 자신이 십자가에 못 박힌 것처럼. 그녀는 두 눈을 꼭 감은 채 거의 실신 상태다. 핏빛 의복의 세 남자가 염려의 눈빛을 보낸다. 예수의 머리는 뒤로 꺾이고 몸은 축 늘어졌다. 애절한 두 여인이 못 자국이 난 발과 손을 지탱한

마레 지구 중심에 위치한 생드니 뒤 생새크러망 성당. 1826에 세워진 신고전주의 양식의 건물이 주위를 압도한다. 성당 내부, 생트즈느비에브 예배당에는 들라크루아의 1844년 작 <피에타>가 걸려 있다.

France

다. 어두운 초록색과 다갈색 배경이 소용돌이친다. 바닥에서는 희미한 광선이 비춘다. (당시) 이런 '피에타'는 없었다. 전통적인 가톨릭 상징물은 사라졌다. 성모마리아의 자세는 고결한 슬픔이 아니라 인간적인 비통함이다. 들라크루아는 무엇을 보여주려던 걸까.

 남쪽으로 7백 미터를 걸어 도착한 생폴생루이 성당Église Saint-Paul-Saint-Louis은 18세기 프랑스 혁명시대의 산증인이다. 또한 빅토르 위고의 『레 미제라블』에서 장발장에게 희망의 빛이 되었던 코제트가 반정부 시위대 마리우스와 결혼식을 올린 장소다. 성당으로 들어간 나는 중앙의 하얀 대리석 제단으로 걸어가다가 주춤했다. 한 철제가설물에 가려진 그림 하나가 눈에 들어왔다. 앞에는 이런 안내문이 붙어 있다. '예수성심 예배당의 복구 기간 동안 들라크루아의 〈예수의 고뇌〉는 루브르와 뉴욕 메트로폴리탄 박물관 전시를 거쳐 현재 프티 팔레Petit Palais에 보관 중.'

 뿌연 복제품을 물끄러미 바라봤다. 〈단테의 배〉로 출사표를 던진 들라크루아가 5년 후 살롱전 출품작으로 택한 종교화다. 십자가의 수난에 앞서 겟세마네 동산에 오른 예수가 고뇌한다는 내용이다. 그에게 슬픈 운명을 알리러 온 세 천사는 너무나 시적詩的이다. 바위에 걸터앉아 번뇌하는 예수의 모습은 그저 평온할 뿐이다. 배경의 색감은 보다 극적이다. 아쉽지만 현재 성당 구조물 사이로 바라본 감상은 여기까지다.

 센 강 남쪽 라틴 지구에는, 거대한 바로크 건축물 하나가 한 블

맨 위 17세기에 세워진 생폴생루이 성당의 전경과 내부. 현재 들라크루아의 <예수의 고뇌> 복제품이 걸려 있다.

위 파리에서 가장 규모가 큰 성당인 생쉴피스 성당의 전경.

록을 장악한다. 규모 면에서 (불타기 전) 노트르담 대성당과 어깨를 견주는 생쉴피스 성당 Église Saint-Sulpice이다. 여기도 이야깃거리는 푸짐하다. 빅토르 위고가 결혼식을 올렸고 보들레르가 유아영세를 받았으며, 댄 브라운의 소설 『다빈치 코드』에서는 성배의 비밀이 숨겨진 곳이다(이 부분은 허구다). 그리고 들라크루아가 세상을 떠나기 2년 전에 완성한 천사 예배당 벽화 3부작이 150년간 안주인 역할을 해온 성소다.

성모승천에 나옴 직한 천사의 온화한 이미지는 없다. 그들은 악한(혹은 덜 착한) 무리와 싸운다. 때로는 침착하게 때로는 장렬하게. 동쪽 벽화 〈천사와 싸우는 야곱〉에서는 아브라함의 손자이자 이삭의 아들로 형의 축복을 가로챈 야곱이 그 상대다. 죄책감에 시달리며 길고 긴 유랑생활을 하던 야곱은 귀향길에 하느님이 보낸 천사와 동틀 녘까지 한바탕 씨름을 벌인다. 낭만파 시인 라마르틴 Alphonse de Lamartine의 시에서 영감을 받은 들라크루아는 운문을 시각화했다. 한 사람이 상대에게 달려들어 팔로 위협하고 두 다리로 압박하고 서로의 무릎이 얽히고 감기고….

서쪽 벽화 〈사원에서 쫓겨나는 헬리오도로스〉에서는 날개 달린 기사가 일격을 가한다. 날쌔게 몸을 날린 두 남자는 갈대로 채찍질을 해댄다. 굴복 자세의 또 다른 남자는 시리아 왕이 유대 사원의 보물을 훔치라고 보낸 헬리오도로스. 그들의 행동은 날렵하고 육체 마디마디에서 힘이 불끈한다. 의상은 총천연색이고 사원의 장식들은 호사스럽다.

들라크루아의 벽화, <천사와 싸우는 야곱>

천장화 〈악마와 싸우는 성 미카엘〉은 살벌하다. 라파엘로가 그렸던 우아한 대천사 미카엘이 용맹한 전사로 돌변했다. 허벅지를 다 드러낸 채 펄쩍 뛰어올라 긴 창으로 악마의 옆구리를 찌른다. 라파엘로의 열혈 팬이었던 들라크루아는 수없는 학습 과정을 거쳤지만 결과물은 3세기만큼 달라졌다.

1854년, 파리시의 의뢰로 시작된 대규모 프로젝트는 장장 7년이 걸리면서 들라크루아 후반 인생의 대미를 장식했다. 그는 아예 짐을 꾸려 성당 근처로 이사 왔다. 줄어든 출퇴근 시간은 고스란히 작업대로 이동했다. 병환에 시달리면서도 매일매일 육체적 한계를 극복했다. 실험과 도전은 나이와 무관했다.

나는 성당을 나와 북적이는 생제르맹 대로를 가로질러 골목 뒤편으로 들어갔다. 순식간에 한산한 주택가가 나왔다. 푸르스텐베르그Furstenberg 광장의 이층집 초록색 대문이 활짝 열렸다. 들라크루아가 1857년부터 사망 때까지 6년간 거주했던 마지막 집, 지금은 국립 외젠 들라크루아 박물관Musée National Eugène Delacroix으로 명판을 내걸었다.

위 들라크루아의 천장화 <악마와 싸우는 성 미카엘>에서는 대천사 미카엘이 긴 창을 든 전사로 돌변했다. 악마를 쳐부수는 미카엘은 살벌하고 격렬하다. 들라크루아가 창조한 새로운 종교화의 주인공이다.

왼쪽 풍부한 장식과 역동적인 몸짓, 치열한 전투 장면이 돋보이는 들라크루아의 벽화 <사원에서 쫓겨나는 헬리오도로스>.

54

"나의 아파트는 참으로 매력적이다. 저녁 식사를 끝낸 후 탈진한 자신을 발견한 나는 다시 우울해진다. 그러나 평정을 되찾으며 편하게 잠을 청한다. 다음 날 아침, 창문을 통해 맞은편 건물에 비치는 고운 햇살을 본다. 작은 정원과 스튜디오의 상쾌한 모습은 나를 늘 행복하게 한다."

_{들라크루아, 『저널Journal: 들라크루아는 생전에 자신의 생각과 작품 이야기를 기록으로 남겼으며, 사후인 1893년에 책으로 출간되었다』 중에서, 1857년 12월 28일 자.}

들라크루아 사망 후 그의 집은 여러 거주자들을 거치다가 결국 철거 직전까지 내몰렸다. 모리스 드니Maurice Denis와 시냐크를 비롯한 후배 화가들, 역사학자와 미술 수집가들이 팔을 걷어붙이고 나섰다. (생전의 들라크루아를 만난 적도 없는) 이들은 들라크루아 친우회The Société des Amis d'Eugène Delacroix를 결성했다. 다각적인 기부를 통해 소장품을 확대한 후 아예 집을 사들여 프랑스 정부에 기증했다. 1971년, 먼지처럼 사라져버릴 뻔했던 들라크루아의 거처는 국립박물관으로 선정되어 일반인에게 공개되었다. 대단한 후배들이다.

전시장의 첫 단추는 〈민중을 이끄는 자유〉의 초벌 스케치다. 1830년 7월 27일부터 사흘간 부르봉 왕조 샤를 10세의 폭정에 맞서 바리케이드를 딛고 올라선 파리 시민들. 들라크루아는 실제 사건을 고전적 알레고리와 혼합했다. 프랑스대혁명 이후 공식인장

국립 외젠 들라크루아 박물관 입구. 들라크루아가 사망 직전까지 6년간 거주했던 집이다. 성당의 벽화 프로젝트를 위해 들라크루아는 성당 근처, 해가 잘 드는 조용한 거처를 찾아 이사했다. 화가의 사망 후 이 집은 여러 거주자들을 거쳐 철거 직전까지 갔지만, 후배 화가들이 재단을 만들어 이 집을 사들인 후 프랑스 정부에 기증했다. 1971년, 프랑스 국립박물관으로 지정되어 개관했다.

이 된 자유의 상징 마리안느Marianne가 왼손에 장총을, 오른손에 삼색기를 들었다. 혁명 투사들은 보다 현실적이다. 엘리트 대학생과 부르주아 청년, 노동자와 총을 든 소년까지. 그들의 눈빛은 매섭고 결의에 찼다. 프랑스 최고의 예술 아이콘이자 들라크루아의 생애 역작인 이 작품은 현재 루브르 박물관Musée du Louvre에 있다. 그럼에도 불구하고 지금 이곳에 걸린 초벌 스케치는 그 자체만으로도 충분히 독립 작품이다. 능란한 붓놀림과 단순한 형태가 오히려 강렬한 메시지를 준다.

화가들의 아틀리에 묘사는 흥미롭다. 피카소는 존경하는 세 거장(벨라스케스, 고야, 들라크루아)에 대한 애정을 담아 특유의 공간 해체로 표현했다. 들라크루아는 자신의 공간을 담백하고 호젓하게, 조그만 담채화로 풀었다. 인상파 화가 바지유Frédéric Bazille는 사실적인 현장감을 강조했다. 들라크루아 사망 후 존경의 징표로 직접 아파트에 세 들어 산 바지유는 이 그림을 두 사람에게 바쳤다. 전 주인이자 선배인 들라크루아, 그리고 룸메이트인 모네다.

옆 건물은 아틀리에다. 새빨간 벽면에 다양한 장르의 그림들이 걸렸다. 낭만파 화가들의 풍경화와 초상화, 생쉴피스 성당 벽화의 예비 스케치와 크로키들, 고대 신화를 묘사한 역사화까지. 깨끗하게 정돈된 방에서 1백50년 전의 작업실을 연상하기란 쉽지 않다. 그러나 햇살 좋은 마당 벤치에 앉았을 때 내게도 들라크루아가 누렸음 직한 달콤한 여유가 찾아왔다.

들라크루아가 이 집을 선택한 이유는 넓고 훤한 정원이었다. 그

위에서부터
들라크루아의
<스튜디오의 모서리>,
들라크루아의 <민중을
이끄는 자유> 초벌
스케치, 바지유의
<바지유의 스튜디오>.

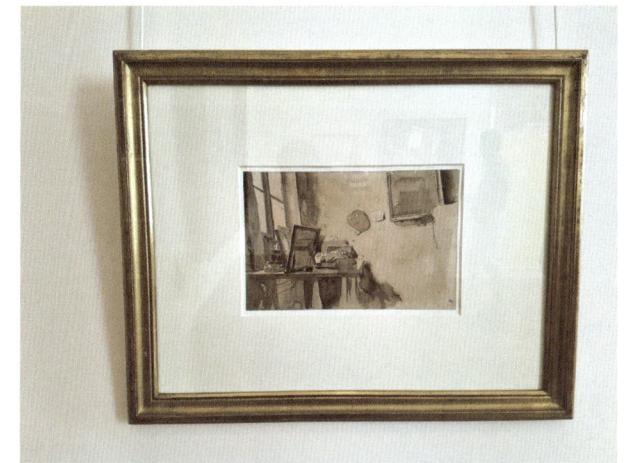

France

'아틀리에'라고 이름 붙여진 이 공간은 들라크루아의 그림뿐 아니라 다른 낭만파 화가들의 작품들도 전시돼 있다. 또한 생쉴피스 성당 벽화의 예비 스케치와 크로키들, 종교화와 역사화까지 다양한 그림들이 공간을 채운다.

들라크루아가 이 집을 선택한 가장 중요한 이유는 정원이었다. 활기찬 동네 중심에 위치하면서도 오아시스와도 같은 녹색지대를 바랐던 그는 이 공간에서 사색하는 것을 좋아했다. 이후 정원 복구 과정에서 책임 정원사는 다양한 나무와 화초들을 통해 들라크루아 시절의 정원 모습을 최대한 복구하려고 했다.

러나 오랜 세월은 원래의 모습을 하나둘 지워버렸다. 복원에 참고할 어떤 기록도 남지 않았다. 작업을 맡은 튈르리 궁전의 수석 정원사는 단 하나의 실마리를 갖고 풀어갔다. 바로 화가가 좋아했던 시골풍의 정원이었다.

틈날 때마다 파리 근교 샹프로제Champrosay의 오두막에 머물렀던 들라크루아에게 전원생활은 축복이었다. 집에 머물 때는 정원을 벗 삼아 생각을 정리했다. 심각한 인후염으로 고생하던 말년에도 시골 나들이를 단행했다. 병세가 악화되자 그는 유언장을 작성했다. 친구들에게는 그림을, 30년간 헌신적으로 돌봐준 하녀에게는 넉넉한 돈을 지불하라는 내용이었다. 직계가족이나 상속인이 없었던 들라크루아는 65년의 생을 마치며 지인들에게 풍성한 선물을 안기고 갔다.

호텔로 돌아가는 길에 루브르에 들렀다. 6년 전, '루브르랑스Louvre-Lens: 프랑스 북부의 랑스 지역에 설립된 루브르 분관에 대여 중'이라는 안내문만 보고 허무하게 돌아서야 했던 나는 곧장 들라크루아 특별관으로 갔다. 사람들을 헤집고 밀치며 겨우 도달했지만 우아한 감상 무드는 불가능했다. 〈민중을 이끄는 자유〉는 루브르의 절대강자였다. 와글와글 몰려든 관람객들이 도통 그 앞을 떠나지 않는다. 대작의 힘은 위대하다. 나 역시 그림을 응시하며 한동안 꼼짝도 안 했다.

루브르 박물관에 걸린 들라크루아의 걸작 <민중을 이끄는 자유>. 1830년 파리에서 일어난 7월 혁명을 배경으로 했다.

55

새벽녘에 폭우가 퍼부었지만 다행히 아침에 잦아들었다. 기온은 20도 밑으로 뚝 떨어졌다. 파리의 변덕스런 날씨에 혼비백산할 지경이다. 겉옷을 두툼히 껴입고 길을 나섰다. 리옹 역을 출발한 기차가 부슬비를 가르며 달려간다. 파리가 멀어질수록 나무들의 기세가 당당하다. 집들이 듬성듬성 간격을 벌린다. 음침한 하늘은 햇빛을 꽁꽁 묶어 놨다. 30분 후 믈랑Melun에 도착하자 매서운 바람까지 몰아쳤다. 여기서 10킬로미터를 더 들어가야 한다. 우리는 역 앞에 외롭게 서 있는 딱 하나의 택시를 잡아탔다.

5분도 채 지나지 않았다. 누르스름한 들판이 지평선과 등을 맞댔다. 야생화와 덤불들이 땅바닥을 뒹군다. 시골이다. 1백70년 전, 이보다 더한 황무지를 지나 뿌연 흙먼지 속을 가로질러 간 남자가 있었다. 아내와 세 아이와 이삿짐이 실린 마차를 타고 낯선 곳으로 향했던 그에게 운명은 어떤 손짓을 보냈을까. 1849년 6월, 파리에 창궐한 콜레라를 피해 가족을 이끌고 농촌마을로 내려간 장 프랑수아 밀레Jean-François Millet. 그가 택한 바르비종Barbizon은 과연 서른다섯 살 화가에게 구원의 땅이 되었을까.

승승장구하던 나폴레옹이 연합군의 반격으로 퇴위해 엘바섬으로 유배되던 1814년, 노르망디 북서쪽의 작은 마을 그뤼시Gruchy에서는 한 아이가 태어났다. 넉넉한 땅을 소유한 농가 집안의 첫 출

산이었다. 어려서부터 아버지의 농사일을 도우며 자란 밀레는 틈틈이 독서를 하고 마을 사제들에게 라틴어를 배우며 지식을 습득했다.

일찌감치 아들의 데생 자질을 인정한 아버지는 가까운 도시인 셰르부르Cherbourg의 미술학교에 보내 전문 교육을 받도록 해주었다. 그러나 갓 20세를 넘기면서 인생의 첫 난관에 부딪힌다. 아버지의 갑작스런 죽음, 농가로의 귀환, (신의 뜻인) 미술 공부를 계속하라는 할머니의 설득. 결국 장손인 밀레는 가족을 뒤로하고 자신의 길을 가기로 한다.

1837년, 셰르부르 학교의 지인들 도움으로 파리 에콜 데 보자르에 장학생으로 입학한 그는 화가의 꿈에 한 발짝 다가섰다. 이로부터 10년간, 실패와 희망과 기쁨과 절망이 교차한다. 장학금 기간이 만료되어 생활은 궁핍해졌고, 살롱전 입문까지 좌절되면서 어쩔 수 없이 귀향길에 올랐다. 좋아하는 여자를 만나 결혼했지만 2년 만에 그녀의 죽음을 지켜봤고, 파리에서는 테오도르 루소Théodore Rousseau를 비롯해 평생지기가 될 친구들을 사귀었다. 그리고는 두 번째 아내와 노르망디에서 초상화가로 지내다 다시 파리로 이동했다.

10년간의 준비 기간은 끝났다. 1847년, 수차례의 낙방 끝에 드디어 살롱전 출품이 이뤄졌다. 그리스 신화 속 비극의 주인공을 묘사한 〈나무에서 내려진 오이디푸스〉는 절대적 호평을 받으며 성공의 열쇠를 쥐여줬다. 또 하나의 문제작 〈키질하는 사람〉을 구입

장 프랑수아 밀레 1814~1875

Jean-François Millet

◆ "내가 알고 있는 가장 즐거운 일은, 땅 위와 나무 사이에서 누리는 평화와 침묵이다."

밀레의 1849년 작 <숲의 가장자리에 앉은 양치기>. 한 손에 지팡이를 들고 휴식을 취하는 양치기 소녀는 밀레가 즐겨 그리던 시골과 농부의 모습을 닮았다.

한 프랑스 정부는 고맙게도 다음 작품까지 주문했다. 2년 후에는 애틋하고 자그마한 유화 〈숲의 가장자리에 앉은 양치기〉를 살롱전에 출품했다.

그러나 파리와는 인연이 없었던 모양이다. 때마침 콜레라가 창궐하면서 한 집안의 가장인 밀레는 당분간 이 도시를 떠나기로 결심한다. 화가들의 메카를 포기할 생각은 없었다. 당분간 피난처를 찾아 내려간 마을의 풍취가 심장이 쿵쾅거리도록 다가오기 전까지는.

56

"솔직히 고백하자면, 농부는 나와 아주 잘 맞는 주제인 것 같네. 나를 사회주의자로 바라볼 수도 있겠지만, 이들의 인간적인 면은 깊은 예술적 감동을 불러일으키거든. 삶의 즐거운 면은 별로 와 닿지 않아. 어쩌면 이제껏 그런 것들을 겪을 수 없었기 때문인지도 모르지. 땅이 비옥하든 아니든 숲과 농토에서 풍기는 정적과 침묵이 나한테는 가장 유쾌한 것이라네. 아마도 자네 역시 대단한 감동을 받게 될 걸세. 때때로 기분 좋게 만드는 이 상황들이 결국 슬픈 꿈이라는 걸 알아차리겠지만."

_{밀레, 알프레드 상시에Alfred Sensier: 프랑스의 미술평론가이자 밀레의 전기 작가에게 쓴 편지 중에서, 1850년 2월.}

하늘이 을씨년스럽다. 밀레를 뒤흔든 정적과 침묵은 농토와 숲이 아니어도 마을 한복판에 남아 있다. 연녹색 나무문의 얌전한 집 한 채. 장 프랑수아 밀레의 집과 스튜디오 Maison Atelier de JF Millet다. 울퉁불퉁한 돌담에 헝클어진 지푸라기가 내려앉았다. 안뜰 옆의 문을 조심스레 밀자 한 노인이 웃으면서 반긴다. "어서 오세요. 밀레 집 맞습니다."

밀레에게 협소한 집은 오래 입은 옷처럼 익숙했다. 인내와 검소함이 몸에 배었기에 더 욕심낼 일도 없었다. '두꺼비가 사는 습한

집'이라 불렸던 헛간을 몇 년에 걸쳐 고치고 손질했다. 건강에 해롭다는 걸 알면서도 지하를 스튜디오로 만들었다. 좀 더 쾌적한 위층의 주거 공간은 벽에 창문을 내 일광이 들어오도록 했다. 지붕은 기와로 덮고 바닥에는 마루를 깔았다. 밖에서 스케치를 하고 돌아오면 가족과 식탁에 둘러앉아 저녁식사를 했다.

들판에서 마주친 농부들의 모습은 이젤 위에서 다시 피어났다. 은근한 그림자와 오묘한 톤과 뚜렷한 명암과 섬세한 터치로. 바르비종의 화가들은 문턱이 닳도록 밀레의 스튜디오를 드나들었다. 할 얘기가 넘쳐났다. 함께 고민하고 토론하고 작업했다. 남루했던 헛간에 희망의 씨앗이 움텄다. 어느덧 이곳은 사실주의 미술의 온상이 되었다.

창가에 가느다란 빛이 스민다. 걸음을 뗄 때마다 흑갈색 마루가 삐거덕거린다. 텁텁한 소쿠리와 농기구들은 백 년 전부터 그 자리를 차지한 것처럼 자연스럽다. 목가적 풍경의 그림 액자들이 벽과 낡은 서랍장, 의자와 바닥에까지 촘촘히 들어찼다. 굳이 열을 맞출 필요가 없었는지 조금은 무질서하다. 오히려 이 집에서는 이런 분위기가 어울린다.

〈만종〉의 꾸깃꾸깃한 복제품이 이젤 위에 놓였다. 어릴 적, 교과서였는지 혹은 달력이었는지, 눈이 닳도록 봐온 그림이다. 그때는 황혼 무렵 삼종기도를 올리는 경건한 장면으로만 알았다. 저 부부의 하루가 얼마나 고단했는지, 밟고 선 땅이 얼마나 척박한지, 소쿠리의 감자가 얼마나 힘겹게 얻은 식량인지, 그리고 (달리의 주장처럼) 초벌 그림에는 감자 더미 자리에 죽은 아이의 시신이 정말 묻혔는지(훗날 자외선 투사를 통해 사실로 밝혀졌다) 짐작이나 했겠는가.

이젤 아래쪽에는 밀레에게 쓰라린 평가를 안겨준 〈이삭줍기〉가 보인다. 1857년 살롱전에서 첫선을 보였을 때 파리 상류층들은 몹시 불편했다. 프랑스혁명을 기억하는 그들 눈에는 사회주의자와 하층 노동자들의 항거로 보였다. 수적으로 우세한 저들이 마음만 먹으면 또 한 번 뒤집을 수도 있겠다 싶었다. 그림의 크기도 문제

밀레의 대표작 <만종>.

맨 왼쪽 밀레의 집과 스튜디오에는 대표작들의 복제품이 진열돼 있다. 또한 밀레가 즐겨 신던 나막신, 빛바랜 사진들과 낡은 가구 그리고 밀레의 사망 시간에 맞춰 정지된 시계까지 화가의 흔적이 고스란히 담겨 있다.

왼쪽 한때 여인숙으로 운영되던 '바르비종 화가들의 박물관' 내부와, 운치가 있는 바르비종의 거리.

였다. 종교나 신화적 내용도 아니면서 촌부의 모습을 저렇게 큰 캔버스에 담다니, 그것도 추하고 투박하게.

구약성서에 수록된 룻기Ruth: 베들레헴 남자와 결혼해 과부가 된 모압족 여성 룻이 시어머니를 따라 베들레헴으로 돌아간 후 충직한 삶을 살아간다는 이야기. 룻의 증손자가 고대 이스라엘의 제2대 왕인 다윗이다의 주요 테마 '이삭줍기'는 그간 여러 화가들에 의해 다뤄졌다. 그러나 밀레의 표현은 달랐다. 아름답지 않았다. 거룩하거나 숭고하지 않았다. 신앙심보다 시골의 가난에 집중했다. 현실이었으니까. 추수 후 땅에 떨어진 이삭을 줍기 위해 허리의 반복적 고통을 인내하며 노동을 지속했던 여인들. 그뿐이다. 그러나 함축된 이미지는 다양한 방식으로 다가갔다. 누군가에게는 반항으로, 누군가에게는 슬픔으로.

사실주의 미술의 개척자 밀레의 작품들은 곧 도래할 인상파 화가들에게 물꼬를 터줬다. 은밀하고 위대하게. 부르주아 남성들을 풍자한 마네, 세탁부의 일상을 묘사한 드가, 대패질 인부를 부각시킨 카유보트, 바르비종 근처의 퐁텐블로Fontainebleau 숲에서 자연의 빛을 탐미한 모네와 르누아르, 그를 아버지처럼 존경하며 찬미의 대상으로 여긴 반 고흐까지. 그러나 안타깝게도 〈만종〉과 〈이삭줍기〉 모두 밀레 사후에나 재평가되었다. 두 작품은 여기저기 떠돌이생활을 하다가 20세기 들어와서야 루브르를 거쳐 오르세 박물관에 안착했다.

세 개의 방으로 구성된 밀레의 집은 각각 좁은 통로로 연결된다. 밀레가 즐겨 신었다는 나막신. 연필과 목탄 스케치들. 자화상과 가족사진. 메모지와 주고받은 편지들. 사망 시간 6시에 맞춰 정지된 괘종시계. 바스러진 일기장과 성경책. 개인 수집품이었던 고대 조각상과 고전주의 화가들의 데생. 둔탁한 벽난로와 가구들. 바르비종은 곧 밀레고, 이 집은 그의 못다 한 이야기를 품어낸 또 다른 캔버스다.

거리의 화랑들은 담백한 풍경화를 쇼윈도에 내걸었다. 기념품 가게는 바르비종의 색채를 듬뿍 담았다. 동네 벽돌담에는 모자이크 그림들이 이정표처럼 툭툭 새겨졌다. 성당에서는 오르간 소리가 들리고, 인적 없는 길가는 아스라한 과거로 돌아갔다. 150년 전 숲과 들판을 찾아다닌 화가들의 자취는 한때 '간 여인숙Auberge Ganne'으로 운영되던 바르비종 화가들의 박물관Musée des Peintres de Barbizon에 남겨졌다. 그들이 둘러앉았던 식탁과 불을 쬐던 벽난로와 잠을 청했던 침대, 그리고 습작들이 파편처럼 달라붙은 낡은 벽면 위에.

나는 마을을 떠나기 직전 관광안내소에 들렀다. "밀레 집을 지나 동쪽 끝으로 가면 숲속에 두 화가의 기념 조각이 보일 거예요. 거기가 퐁텐블로 초입이에요." 직원의 한마디에 발길을 돌렸다. 20분쯤 걸으니 휑해졌다. 거주지역이 끝났다. 시멘트 바닥은 흙길로 변했다. 그다음은 숲이다. 후리후리한 나무들이 늠름하게 치솟았다. 길은 짙은 녹음으로 가려졌다. 질퍼덕거리는 진흙 바닥을 밟으며 한참이나 헤맸지만 기념상은 보이지 않았다.

이끼와 낙엽들이 뒤엉키고, 집채만 한 바윗덩이들이 시야를 가로막는다. 운동화가 빗물에 젖고 스산한 바람에 으슬으슬해질 즈음, 그렇게 포기하고 돌아서려는 순간, 바위 틈새에서 뭔가가 보였다. 청동부조로 제작된 아주 작은 크기의 밀레와 루소 얼굴이다. 비슷한 시기에 태어나 바르비종에서 새 시대를 열었던 동지. 그들은 이곳에서 20여 년을 살다가 8년 간격으로 눈을 감았다.

밀레는 파리에 사는 친구이자 후원자인 알프레드 상시에에게 종종 숲의 찬가를 써서 보냈다.

"숲이 얼마나 황홀한지 자네도 볼 수 있으면 좋으련만. 하루의 일을 끝낼 즈음 서둘러 숲으로 향한다네. 그러고는 정신을 잃을 만큼 현혹되곤 하지. 그곳의 정적은 어찌나 장엄한지 스스로 깜짝 놀랄 정도야. 나무들이 서로 무슨 대화를 나누는지, 어떤 언어로 소통하는지 전혀 알 수 없지만, 그들은 결코 익살을 떨 듯 부산스럽지 않다네."

밀레에게 숲은 자유였다. 파리의 유행에 둔감해질 자유, 비평가들의 눈치를 살피지 않을 자유, 농부의 아들로 태어나 농부로 죽을 자유, 자신이 보고 느낀 것을 그릴 수 있는 자유.

밀레와 동시대를 살았던 미국 작가 헨리 데이비드 소로Henry David Thoreau는 숲속 통나무집에서 자급자족하며 쓴 수필집 『월든Walden』에서 이런 말을 했다.

"만약 어떤 사람이 정당한 이유로 슬퍼한다면 자연이 함께 슬퍼해줄 것이다. 태양은 밝음을 감출 것이며 바람은 인간처럼 탄식할 것이며 구름은 눈물의 비를 흘릴 것이며 숲은 한여름에도 잎을 떨어트리고 상복을 입을 것이다. 내가 어찌 대지와 교제를 하지 않겠는가? 나의 일부분이 잎사귀이며 식물의 부식토가 아니던가!"

숲에 둥지를 튼 새들의 지저귐이, 그래, 소란스럽지 않다. 희뿌연 물안개가 내 몸을 휘감지만 음산하지 않다. 나무들이 하늘을 가렸지만 어둡지 않다. 물을 머금은 땅에서 흙냄새가 풍기지만 이마저 싱그럽다. 관대한 자연이 다 품어낸다. 고요하고 낙낙하게.

나는, 한동안 숲을 떠나지 못했다.

그림 목록

원제는 모두 영어로 통일, 표기하였다.
화가의 나열은 책에 등장하는 순서에 따랐다.

프란시스코 고야

신의 이름을 경배함 Adoration of the Name of God, 1772
자화상 Self-Portrait, 1775
파라솔 The Parasol, 1777
이솝과 메니푸스 Aesop and Menippus, 1778
순교자들의 여왕 The Queen of Martyrs, 1781
시에나의 성 베르나르디노의 설교 Sermon of San Bernardino de Siena, 1781~1783
이젤 앞의 자화상 Self-Portrait at an Easel, 1785
옷 벗은 마하 The Naked Maja, 1797~1800
로스 카프리초스 Los Caprichos, 1797~1798
이성이 잠들면 악마가 깨어난다 The Sleep of Reason Produces Monsters, 1797~1799
파도바의 성 안토니오의 기적 The Miracle of San Antonio de Padua, 1798
카를로스 4세 가족 The Family of Carlos IV, 1800~1801
옷 입은 마하 The Clothed Maja, 1800~1805
펠릭스 데 아자라의 초상 Portrait of Félix de Azara, 1805
전쟁의 참화 The Disasters of War, 1810~1820
종교재판소 The Inquisition Tribunal, 1812~1819
채찍질 고행단의 행렬 Procession of Flagellants, 1812~1819
정신병원 Madhouse, 1812~1819
정어리의 매장 The Burial of the Sardine, 1812~1814
마을의 투우 Village Bullfight, 1814
1808년 5월 2일 The Second of May 1808, 1814
1808년 5월 3일, The Third of May 1808, 1814
부조리 Los Disparates 1815~1823
투우 기술 Tauromaquia, 1816
웃는 여인들 Women Laughing, 1819~1823
독서하는 남자들 Men Reading, 1819~1823
몽환적인 광경 Fantastic Vision, 1819~1823
수프를 먹는 두 노인 Two Old Ones Eating Soup, 1819~1823
자식을 잡아먹는 사투르누스 Saturn Devouring His Son, 1819~1823
개 The Dog, 1819~1823
보르도의 황소 The Bulls of Bordeaux, 1824~1825

디에고 벨라스케스
십자가에 못 박힌 그리스도 Christ Crucified, 1632
라스 메니나스(시녀들) Las Meninas, 1656

엘 그레코
그리스도의 옷을 벗김 The Disrobing of Christ, 1577~1579
오르가스 백작의 매장 The Burial of the Count of Orgaz, 1586
톨레도의 전경과 지도 View and Plan of Toledo, 1608

살바도르 달리
세 개로 복제되는 자화상 Self-Portrait Being Duplicated into Three, 1927
기억의 지속 The Persistence of Memory, 1931
아파트로 사용될 수 있는 메이 웨스트의 얼굴 Face of Mae West Which Can Be Used as an Apartment, 1934~1935
서랍이 달린 밀로의 비너스 Venus de Milo with Drawers, 1936
미궁의 커튼 세트를 위한 디자인 I Design for Set Curtain for Labyrinth I, 1941
갈라리나 Galarina, 1944
빵 바구니 The Basket of Bread, 1945
레다 아토미카 Leda Atomica, 1949
환각을 일으키는 투우사 Hallucinogenic Toreador, 1970
바람의 궁전 천장화 Central Panel of the Wind Palace Ceiling, 1972~1973
바다를 바라보는 누드의 갈라 Gala Nude Looking at the Sea, 1975

앙리 마티스
사치, 고요, 쾌락 Luxury, Calm and Pleasure, 1904
콜리우르의 지붕들 Rooftops of Collioure, 1905
콜리우르의 열린 창 Open Window, Collioure, 1905
줄무늬 티셔츠를 입은 자화상 Self Portrait in a Striped T-shirt, 1906
붉은 방 Red Room, 1908
니스의 파란 빌라 Blue Villa Nice, 1918
열린 창문으로 Through an Open Window, 1918
보 리바지의 나의 방 My Room at the Beau Rivage, 1918
창가의 바이올리니스트 Violinist at the Window, 1918
재즈 Jazz(아트 북), 1947
푸른 누드 IV Blue Nudes IV, 1952

앙드레 드랭
마을과 바다 The Village and Sea, 1905

빈센트 반 고흐
밤의 카페 테라스 Café Terrace at Night, 1888
노란 집 The Yellow House, 1888
해바라기 Sunflower, 1888
론 강의 별이 빛나는 밤 Starry Night Over the Rhône, 1888
랑글루아 다리 The Langlois Bridge, 1888
붉은 포도밭 The Red Vineyards, 1888
알리스캉 The Alyscamps, 1888
고갱의 의자 Gauguin's Chair, 1888
반 고흐의 의자 Van Gogh's Chair, 1888
아를의 침실 Bedroom in Arles, 1888
밤의 카페 The Night Café, 1888
아를의 원형경기장 Arena at Arles, 1888
씨 뿌리는 사람 The Sower, 1888
아를 병원의 병동 Ward in the Hospital at Arles, 1889
별이 빛나는 밤 Starry Night, 1889
정신병원의 회랑 Corridor in the Asylum, 1889
슬퍼하는 노인, 영원의 문에서 Sorrowing Old Man, at Eternity's Gate, 1890

폴 고갱
알리스캉 The Alyscamps, 1888

폴 세잔
빨간 조끼 소년 The Boy in the Red Vest, 1888~1890
카드놀이 하는 사람들 연작 The Card Players Series, 1890~1895
큐피드 석고상이 있는 정물 Still Life with Plaster Cupid, 1895
대 수욕도 Big Bathers, 1895~1906
해골의 피라미드 Pyramid of Skulls, 1901
생트빅투아르 산 연작 Mont Sainte-Victoire Series, 1904~1906

파블로 피카소
인생 La Vie, 1903
라팽 아질에서 Au Lapin Agile, 1905
아비뇽의 처녀들 The Young Ladies of Avignon, 1907

비행기를 쳐다보며 목욕하는 여인들 Bathers Watching a Plane, 1920
팬파이프 Pan Pipes, 1923
게르니카 Guernica, 1937
양을 든 남자(조각) Man with a Sheep, 1943~1944
삶의 즐거움 Joy of Life, 1946
전쟁과 평화 War and Peace, 1951~1952
칸의 만 Bay of Cannes, 1958
죽음에 직면한 자화상 Self Portrait Facing Death, 1972

마르크 샤갈

붓을 든 자화상 Self Portrait with Brushes, 1909
인생 La Vie, 1964
성서 이야기 연작: 인간의 창조 The Creation of Man, 1958 / 낙원에서 추방당하는 아담과 이브 Adam and Eve Banished from Paradise, 1960 / 십계명을 받는 모세 Moses Receiving the Ten Commandments, 1960~1966 / 낙원 Paradise, 1961 / 천사와 싸우는 야곱 Jacob Wrestling with the Angel, 1963 / 바위를 치는 모세 Moses Striking the Rock, 1963 / 이삭의 희생 The Sacrifice of Isaac, 1966 / 아브라함과 세 천사 Abraham and the Three Angels, 1966 / 모세와 불타는 덤불 Moses and the Burning Bush, 1966 / 야곱의 꿈 Jacob's Dream, 1966 / 노아와 무지개 Noah and the Rainbow, 1966 / 노아의 방주 Noah's Ark, 1966
파란 풍경 속의 커플 Couple in a Blue Landscape, 1969
선지자 엘리야(모자이크) The Prophet Elijah, 1971
나일 강에서 구출되는 모세(모자이크) Moses Saved from the Waters, 1979

요하네스 페르메이르

델프트 풍경 View of Delft, 1654
디아나와 님프들 Diana and Her Companions, 1655~1656
장교와 웃는 소녀 Officer and Laughing Girl, 1655~1660
뚜쟁이 The Procuress, 1656
우유 따르는 하녀 The Milkmaid, 1657~1658
골목길 The Little Street, 1658
음악 수업 The Music Lesson, 1662~1665
진주 귀고리 소녀 Girl with a Pearl Earring, 1665
가톨릭 신앙의 알레고리 The Allegory of Catholic Faith, 1670~1672
기타 연주자 The Guitar Player, 1670~1672

렘브란트
니콜라스 튈프 박사의 해부학 강의 The Anatomy Lesson of Dr Nicolaes Tulp, 1632
63세의 자화상 Self-Portrait at the Age of 63, 1669

파울루스 포테르
황소 The Bull, 1647

안토니 반 다이크
자화상 Self-Portrait, 1618~1619

프란츠 할스
웃는 소년 Laughing Boy, 1625

페테르 파울 루벤스
십자가 올림 The Raising of the Cross, 1610
십자가 내림 The Descent from the Cross, 1612~1614
촛불을 든 노인과 소년 Old Woman and Boy with Candles, 1616~1617
성 프란시스코 하비에르의 기적 Miracles of St. Francis Xavier, 1617~1618
로욜라의 성 이냐시오의 기적 The Miracles of St. Ignatius of Loyola, 1617~1618
동방박사의 경배 Adoration of Magi, 1619
성가정의 귀환 Return of the Holy Family, 1620
성모승천(빈 미술사 박물관 소장) The Assumption Of the Virgin Mary, 1620
이브리 전투의 앙리 4세 Henri IV at the Battle of Ivry, 1624~1626
성모승천(안트베르펜 성모마리아 대성당 소장) The Assumption of the Virgin Mary, 1625~1626
아담과 이브 Adam and Eve, 1628~1629
자화상 Self-Portrait, 1628~1630
성자들과 함께 한 성모마리아 Our Lady with the Saints, 1634

르네 마그리트
길 잃은 기수 The Lost Jockey, 1926
위험에 처한 암살자 Menaced Assassin 1926
새를 먹는 소녀 Young Girl Eating a Bird, 1927
비밀 경기자 The Secret Player, 1927
바다의 남자 Man from the Sea, 1927
중심적 이야기 Central Story, 1927
연인들 The Lovers, 1928

잘못된 거울 The False Mirror, 1928
이미지의 배반 The Treachery of Images, 1929
꿈의 열쇠 Key to Dreams, 1930
인간의 조건 The Human Condition, 1933
기억 Memory, 1948
타원 Ellipse, 1948
이미지의 배반(드로잉) The Treachery of Images, 1952
설명 The Explanation, 1952
골콩드 Golconde, 1953
빛의 제국(브뤼셀 마그리트 박물관 소장) The Empire of Light, 1954
아른하임의 영역 The Domain Of Arnheim, 1962
진실의 추구 The Search for the Truth, 1963
사람의 아들 The Son of Man, 1964
중산모를 쓴 남자 Man in a Bowler Hat, 1964
선의 Good Faith, 1965

조르조 데 키리코
사랑의 노래 The Song of Love, 1914

대(大) 피테르 브뤼헐
베들레헴의 인구조사 The Census at Bethlehem, 1566

자크루이 다비드
마라의 죽음 The Death of Marat, 1793
비너스에 의해 무장 해제된 마르스 Mars Disarmed by Venus, 1824

얀 반 에이크
신비한 어린 양의 경배 Adoration of the Mystic Lamb, 1432
아르놀피니 부부의 초상 The Arnolfini Portrait, 1434

미켈란젤로
성모마리아와 아기예수(조각) Virgin Mary and Jesus Christ, 1506

페르낭 크노프
버려진 도시 Abandoned City, 1904

앙리 팡탱라투르
들라크루아에게 보내는 경의 Homage to Delacroix, 1864

에두아르 마네
풀밭 위의 점심식사 Luncheon on the Grass, 1863

클로드 모네
풀밭 위의 점심식사 Luncheon on the Grass, 1866
루앙 대성당 연작 Rouen Cathedral Series, 1892~1894
수련 연작 The Water Lilies Series, 1897~1926

피에르 오귀스트 르누아르
도시의 무도회 City Dance & 시골의 무도회 Country Dance, 1883

귀스타브 쿠르베
오르낭의 매장 A Burial at Ornans, 1849~1850

외젠 들라크루아
단테의 배 The Barque of Dante, 1822
예수의 고뇌 The Agony of Christ, 1824~1826
민중을 이끄는 자유 Liberty Leading the People, 1830
피에타 Pieta, 1844
천사와 싸우는 야곱 Jacob Wrestling with the Angel, 1854~1861
사원에서 쫓겨나는 헬리오도로스 Heliodoros Driven from the Temple, 1854~1861
악마와 싸우는 성 미카엘 Saint Michael Vanquishing Satan, 1854~1861

장 프랑수아 밀레
나무에서 내려진 오이디푸스 Oedipus Taken down from the Tree, 1847
키질하는 사람 Winnower, 1848
숲의 가장자리에 앉은 양치기 Shepherdess Sitting at the Edge of the Forest, 1849
이삭줍기 The Gleaners, 1857
만종 The Angelus, 1857~1859

참고 문헌 및 출처

고야
『Goya a Life in Letters』, Sarah Symmons, Pimlico
『The Buried Mirror: Reflections on Spain and the New World』, Carlos Fuentes, Mariner Books
『Goya』, Robert Hughes, Knopf Books
『Goya』, Sarah Symmons, Phaidon Press
『Francisco Goya: Life and Times』, Evan Connell, Counterpoint
「Goya's Ghosts」, Carina Chocano, www.latimes.com
「Treading in Goya's Psychic Minefield」, Michael Bracewell, www.latimes.com
「La Quinta de Goya」, Magazine Descubrir el Arte
고야 재단 www.fundaciongoyaenaragon.es
산 페르난도 왕립 미술 아카데미 www.realacademiabellasartessanfernando.com
사라고사 대학교 고야 정보 사이트 https://goya.unizar.es
사라고사 고야 박물관 https://museogoya.ibercaja.es
마드리드 관광청 www.esmadrid.com
유럽과 미국 예술사 전문가 TJ McNamara 칼럼 https://terrymcnamara.wordpress.com

엘 그레코
『El Greco』, Michael Scholz-Hansel, Taschen
『El Greco and His School』, Harold Edwin Wethey, Princeton University Press
「El Greco the Greek」, LaurenceJarvikOnline
『The Travel Diaries of Albert Einstein: The Far East, Palestine, and Spain』, Albert Einstein, Princeton University Press
엘 그레코 공식 사이트 www.elgreco.net
톨레도 엘 그레코 박물관 www.culturaydeporte.gob.es

달리
『The Unspeakable Confessions Of Salvador Dali』, Salvador Dalí, Morrow
『The Secret Life of Salvador Dalí』, Salvador Dalí, Dover Publications
『Diary of a Genius』, Salvador Dalí, Deicide Press
『The Shameful Life of Salvador Dali』, Ian Gibson, Faber and Faber Ltd
『The Course of English Surrealist Poetry Since the 1930s』, Rob Jackaman, Edwin Mellen Press
『The Persistence of Memory: A Biography of Dalí』, Meredith Etherington-Smith, Da

Capo Press
「The Surreal World of Salvador Dalí」, Stanley Meisler, Smithsonian Magazine
「Salvador Dali's Datsun」, www.surrealismstore.com
살바도르 달리 공식 사이트 www.salvador-dali.org

마티스

『Henri Matisse』, Jean Leymarie & Herbert Read, UCLA Art Council
『The Unknown Matisse: A Life of Henri Matisse: The Early Years, 1869-1908』, Hilary Spurling, Knopf
『Le Fauvisme-La Couleur Comme Absolu』, Maison du Fauvisme Collioure
『Les Fauves: A Sourcebook』, Russell T. Clement, Greenwood Press
『The 'Wild Beasts' Fauvism and Its Affinities』, John Elderfield, Museum of Modern Art
『Fauvism』, Ian Chilver, The Oxford Dictionary of Art, Oxford University Press
『A Journey into Matisse's South of France』, Laura McPhee, ReadHowYouWant
『The Cut-Outs of Henri Matisse』, John Elderfield, George Braziller Inc
『Matisse and Picasso: The Story of Their Rivalry and Friendship』, Jack Flam, Basic Books
『마티스, 원색의 마술사』, 그자비에 지라르, 이희재 옮김, 시공사
앙리 마티스 공식 사이트 www.henrimatisse.org
니스 마티스 박물관 www.musee-matisse-nice.org
뉴욕 현대미술관 www.moma.org
록펠러 재단 포칸티코 힐스 유니온 교회 http://ucph.org

반 고흐

『Van Gogh, The Life』, Steven Naifeh & Gregory White Smith, Random House
『Van Gogh in Saint-Rémy and Auvers』, Ronald Pickvance, Metropolitan Museum of Art
『The Yellow House: Van Gogh, Gauguin, and Nine Turbulent Weeks in Arles』, Martin Gayford, Mariner Books
『Van Gogh and Gauguin: The Studio of the South』, Douglas W. Druick, Art Inst of Chicago Museum Shop
『Post-Impressionism: From van Gogh to Gauguin』, John Rewald, Secker & Warburg
빈센트 반 고흐 공식 사이트 www.vincentvangogh.org
반 고흐 루트 공식 사이트 www.vangoghroute.com
반 고흐 편지 공식 사이트 www.vangoghletters.org
반 고흐 작품 갤러리 www.vangoghgallery.com

세잔
『The Private Lives of the Impressionists』, Sue Roe, Harper Perennial
『Cézanne』, Ulrike Becks-Malorny, Taschen
『In The Steps of Cézanne Aix-en-Provence』, Michel Fraisset, Office de Tourisme d'Aix-en-Provence
엑상프로방스와 세잔 공식 홍보 사이트 www.cezanne-en-provence.com
엑상프로방스 관광청 www.aixenprovencetourism.com
엑상프로방스 세잔 아틀리에 www.atelier-cezanne.com

피카소
『Picasso: Life And Art』, Pierre Daix, Basic Books
『Artists and Their Museums On the Riviera』, Barbara F. Freed, Harry N. Abrams
『Matisse and Picasso: The Story of Their Rivalry and Friendship』, Jack Flam, Basic Books
『Picasso, The Vallauris Years』, Vallauris Tourist Office
『Picasso in Provence & Cote D'azur』, The Regional Tourism Board: Provence-Alps-Côte d'Azur
『Picasso and Françoise Gilot: Paris-Vallauris, 1943-1953』, John Richardson, Gagosian
『Serge Gainsbourg's Histoire de Melody Nelson』, Darran Anderson, Bloomsbury Academic
『Montmartre』, Paris Digest
「Following Picasso on the French Riviera」, Camille Aubray, www.francetoday.com
「Pablo Picasso in Vallauris, a Place for Invention: Linocuts, Ceramics and Love」, www.masterworksfineart.com
「Celebrating Pablo Picasso and Alexander Calder's Symbiosis」, Chantel Tattoli, www.architecturaldigest.com
「In Montmartre: Picasso, Matisse and Modernism in Paris」, Peter Conrad, www.theguardian.com
발루리스골프후앙 공식 사이트 www.vallauris-golfe-juan.fr
발루리스골프후앙 관광 사이트 www.vallaurisgolfejuan-tourisme.fr
무쟁 관광 사이트 www.mougins-tourisme.fr
알프마리팀(프랑스 남동쪽에 위치한 주) 국립박물관 홍보 사이트 https://musees-nationaux-alpesmaritimes.fr/picasso
파리 피카소 국립박물관 www.museepicassoparis.fr
파리 몽마르트르 가이드 www.montmartre-guide.com
파리 라팽 아질 https://au-lapin-agile.com

샤갈

『My Life』, Marc Chagall, Orion Press
『Marc Chagall: 1887-1985』, Jacob Baal-Teshuva, Taschen
『Marc Chagall: Early Works from Russian Collections』, Evgenija Petrova & Aleksandra Shatskikh, Third Millenium Pub
『Marc Chagall on Art and Culture』, Benjamin Harshav, Stanford University Press
마르크 샤갈 공식 사이트 www.marcchagall.net
마르크 샤갈 아트 사이트 www.marcchagallart.net
생폴드방스 공식 사이트 www.saint-pauldevence.com
방스 관광청 www.vence-tourisme.com
알프마리팀 국립박물관 홍보 사이트 https://musees-nationaux-alpesmaritimes.fr/chagall

페르메이르

『Discover The Life and Work of Johannes Vermeer』, Vermeer Centrum Delft, Delft Marketing
『Vermeer and His Milieu: A Web of Social History』, John Michael Montias, Princeton University Press
『Giants of Delft: Johannes Vermeer and the Natural Philosophers』, Robert D. Huerta, Bucknell Univ Pr
『In Search of Lost Time』, Marcel Proust, Penguin Classics
「Johannes Vermeer: Allegory of the Catholic Faith」, Heilbrunn Timeline of Art History, The Metropolitan Museum of Art
『베르메르, 방구석에서 그려낸 역사』, 귀스타브 반지프, 정진국 옮김, 글항아리
페르메이르의 삶과 예술 전문 사이트 www.essentialvermeer.com
델프트의 페르메이르 공식 홍보 사이트 www.vermeerdelft.nl
델프트 홍보 사이트 www.delft.com
마우리츠호이스 미술관 www.mauritshuis.nl

루벤스

『Rubens A&I(Art and Ideas)』, Kristin Lohse Belkin, Phaidon Pres
『The Making of Rubens』, Svetlana Alpers, Yale University Press
『Rubens and Italy』, Michael Jaffé, Cornell University Press
『St. Jacob's Antwerp Art and Counter Reformation in Rubens's Parish Church』, Jeffrey Muller, Brill
『Baroque』, John Rupert Martin, Routledge
『The Rubens House Highlights』, The Rubens House
『Baroque Pleasure』, Monumental Churches Antwerp, Monumentale Kerken Antwerpen

『Rubens: The Antwerp Altarpieces』, John Rupert Martin, Thames & Hudson
「The Return of The Holy Family from Egypt」, www.lempertz.com
페테르 파울 루벤스 공식 사이트 www.peterpaulrubens.org
루벤스하우스 www.rubenshuis.be
플랑드르 관광 사이트 www.visitflanders.com
안트베르펜 성모마리아 대성당 www.dekathedraal.be

마그리트
『René Magritte』, Patricia Allmer, Reaktion Books
『Magritte(Big Series Art)』, Jacques Meuris, Taschen
『Magritte』, Louis Scutenaire, Marlborough Fine Art
『Art and Mourning: The Role of Creativity in Healing Trauma and Loss』, Esther Dreifuss-Kattan, Routledge
『The 20th-Century Art Book』, Rachel Barnes, Phaidon Press
『René Magritte: This is Not A Biography』, Vincent Zabus, SelfMadeHero
「Ceci n'est pas an Artist」, Andrew Lambith, www.independent.co.uk
「A Mystery of Uncommon Sense」, Francetoday, www.francetoday.com
「René Magritte, Fifty Years on」, Roderick Conway Morris, www.the-tls.co.uk
「Les Amants(The lovers)」, National Gallery of Australia, www.nga.gov.au
『르네 마그리트』, 수지 개블릭, 천수원 옮김, 시공사
『마법의 저녁 식사』, 마이클 갈런드, 이경혜 옮김, 보림출판사
마그리트 재단 www.magritte.be
르네 마그리트 박물관 www.magrittemuseum.be
마그리트 박물관 www.musee-magritte-museum.be

다비드
『Jacques-Louis David: From Empire to Exile』, Philippe Bordes, Yale University Press
『Jacques-Louis David's, The Death of Marat』, William Vaughn & Helen Weston, Cambridge University Press
『Citizens: A Chronicle of the French Revolution』, Simon Schama, Penguin Books

반 에이크
『Stealing the Mystic Lamb』, Noah Charney, PublicAffairs
『The Altar and the Altarpiece, Sacramental Themes in Early Netherlandish Painting』, Barbara Lane, Icon
『Van Eyck』, Till-Holger Borchert, Taschen
『Van Eyck and the Founders of Early Netherlandish Painting』, Otto Pächt, Harvey

Miller

『America and the Return of Nazi Contraband: The Recovery of Europe's Cultural Treasures』, Michael Kurtz, Cambridge University Press
「Jan van Eyck and the Ghent Altar-Piece」, Ramsay Homa, The Burlington Magazine Volume 116
「Van Eyck, The Ghent Altarpiece」, Dr. Sally Hickson, www.khanacademy.org

들라크루아

『Journal』, Eugène Delacroix, Livio Éditions
『Baudelaire and the Art of Memory』, J. A. Hiddleston, Clarendon Press
『The Life and Work of Eugène Delacroix』, Charles Baudelaire, Lear Publishers
『The Murals of Eugène Delacroix at Saint-Sulpice』, Jack J. Spector, College Art Association of America
「Eugène Delacroix, Murals in the Chapel of The Holy Angels, Saint-Sulpice」, Dr. Joyce C. Polistena, www.smarthistory.org
외젠 들라크루아 공식 사이트 www.eugene-delacroix.com
들라크루아 박물관 www.musee-delacroix.fr
루브르 박물관 www.louvre.fr

밀레

『Jean-Francois Millet: Drawn Into the Light』, Alexandra R. Murphy, Yale University Press
『Jean-François Millet』, Griselda Pollock, Casimiro Libros
『Jean François Millet: His Life and Letters』, Julia Cartwright, Forgotten Books
『Art and Copyright』, Simon Stokes, Hart Publishin
장프랑수아 밀레 공식 홍보 사이트 www.jeanmillet.org
밀레 박물관 www.musee-millet.com
퐁텐블로 관광 사이트 www.fontainebleau-tourisme.com
『월든』, 헨리 데이빗 소로우, 강승영 옮김, 은행나무

기타

『Art+Travel Europe: Step into the Lives of Five Famous Painters』, Museyon Guides
『Impressionists & Post-Impressionists』, Museyon Guides
『French Riviera and Its Artists: Art, Literature, Love, and Life on the Côte d'Azur』, John Baxter, Museyon
『Rembrandt and the Mauritshuis』, Geert-Jan Borgstein, Mauritshuis
『Forever Paris: 25 Walks in the Footsteps of Chanel, Hemingway, Picasso, and More』,

Christina Henry de Tessan, Chronicle Books
프라도 박물관 www.museodelprado.es
레이나 소피아 국립 미술센터 www.museoreinasofia.es
티센보르네미사 박물관 www.museothyssen.org
마우리츠호이스 미술관 www.mauritshuis.nl
브뤼셀 올드마스터스 박물관 https://fine-arts-museum.be
오르세 박물관 www.musee-orsay.fr
위키피디아 www.wikipedia.org
예술사 전문 사이트 www.artehistoria.com
미술사 전문 사이트 www.smarthistory.org
남프랑스 리비에라(코트다쥐르) 관광 사이트 www.allthingsriviera.com
카리에레뤼미에레(빛의 채석장) 공식 홍보 사이트 www.carrieres-lumieres.com
생폴드방스 공식 홍보 사이트 www.saint-pauldevence.com
브뤼셀 관광 사이트 https://visit.brussels
겐트 관광 사이트 https://visit.gent.be
브뤼헤 관광 사이트 www.visitbruges.be
프랑스 여행, 문화, 예술 관련 홍보 사이트 www.francetoday.com
예술여행 전문 홍보 사이트 www.travelbyart.com
아를 노르피누스 그랜드 호텔 https://nord-pinus.com
브리태니커 인물사전 www.britannica.com/biography
일간지 가디언 www.theguardian.com
일간지 뉴욕타임스 www.nytimes.com
인용 전문 사이트 www.brainyquote.com